DRIVER

VOL.2

핵심만 배우는 골프

드라이버, 우드, 하이브리드 편

김해천 지음

DRIVER

싸이프레스

PROLOGUE

"Practice Makes Perfect!"

이 말은 골프와 가장 어울리는 격언일 것이다.

골프를 잘하기 위해서는 끊임없는 연습 외에 왕도가 없다는 뜻이다. 하지만 필자는 이 말에 전적으로 동의하지는 않는다. 무작정 하는 연습은 자칫 나쁜 습관이 몸에 배어 가게 할 뿐만 아니라 시간도 많이 소비될 수 있기 때문이다. 하지만 올바른 방법으로 믿음을 가지고 연습하는 골퍼에게는 고수로 가는 길이 그리 멀지만은 않다고 확신한다.

현대사회에는 인터넷 등을 통해 골프스윙에 관한 수많은 정보가 넘쳐 나고 있고, 코치마다 각기 다른 교습법으로 가르치는 것을 볼 수 있다. 그러다 보니 골프스윙에 대한 설명과 방법이 너무나 다양해지고 복잡해지는 것을 알 수 있다. 그러나 골프스윙을 복잡하게 이해하게 되면 골프가 더 어려워 질 수밖에 없고 습득하는 데에도 더 오랜 시간이 걸리게 된다. 결국 자신의 동작으로 표현하기 어려운 실전과 동떨어진 이론의 덫에 사로잡혀 더 이상 골프가 향상되지 않고 좌절만 반복되는 모습을 보게 된다.

필자가 추구하는 골프는 스윙을 단순히 익히는 것이다. 간단히 배우고 쉽게 반복할 수 있는 그런 스윙 말이다. 스윙이 단순해지면 샷에 대한 일관성이 좋아지고 예측 가능한 샷을 할 수 있기 때문에 자신감이 높아진다. 골프는 자신감만 좋아지면 엄청난 실력 향상을 경험하게 된다. 이러한 개념이야말로 현대시대의 골퍼들이 가장 갈망하고 필요한 부분일 것이다.

골프를 단순히 익히기 위해서는 많은 지식을 필요로 하는 수준 높은 이론적인 교습보다는 쉽게 따라할 수 있는 핵심적인 동작을 확실하게 습득하는 것이 도움이 된다. 이런 맥락에서 필자는 이 책을 통하여 골프에서 꼭 필요한 핵심 내용을 간결하게 설명하고, 핵심 동작들을 큰 사진으로 보여줌으로써 스스로 쉽게 이해하며 익힐 수 있는 데 초점을 맞추어 구성했다. 또한 초보자들에게는 양식 있는 골퍼로 성장하기 위해 꼭 알아야 하는 기초적인 골프 상식도 수록하였다.

이 책은 「아이언」, 「드라이버, 우드, 하이브리드」, 「어프로치」, 「벙커, 퍼팅」 등 총 4권의 시리즈 형식으로 구성되었다. 그리고 각 권에서 골퍼들이 꼭 알아야 하는 핵심 포인트만 압축하여 화보 형식으로 구성하고 설명은 최대한 간결하게 실었다. 이 시리즈가 골프에 열정이 있는 골퍼들에게 큰 도움이 되기를 간절히 바란다.

김해천

CONTENTS

Prologue

 **PART 01** 드라이버를 쉽게 칠 수 있는 기초 마스터하기

ADDRESS 어드레스
손가락은 견고하게, 손목은 부드럽게 그립을 잡는다 / **10**
드라이버는 스트롱 그립이 유리하다 / **12**
스탠스는 어깨너비보다 넓게 벌리고, 볼의 위치는 왼발 바로 안쪽에 둔다 / **14**
양발과 어깨는 타깃라인과 평행하게 맞춘다 / **16**
스윙 아크를 크게 하려면 엉덩이를 올리고 더 선 상태로 어드레스를 한다 / **18**
우드의 어드레스는 빙판 위에서 미끄러지지 않기 위해 중심을 잡듯이 선다 / **20**

SWING 스윙
드라이버 샷은 때리는 샷이 아니라 휘두르는 샷이다 / **22**
백스윙은 낮고 길고 부드럽게, 다운스윍은 역동적으로 가속시킨다 / **24**
드라이버 샷은 머리를 볼보다 뒤쪽에 두고 어퍼 블로우로 스윙한다 / **26**
드로우를 구사하면 비거리가 적어도 20미터는 늘어난다 / **28**
▶ 드라이버 스윙 연속 동작–정면, 측면 / **30**
우드를 칠 때는 큰 원을 그리듯 아크를 만든다 / **32**
우드 샷이 뜨지 않는 3가지 이유 / **34**
▶ 페어웨이 우드 스윙 연속 동작–정면, 측면 / **36**
하이브리드 클럽을 칠 때는 양발 안에서 회전한다 / **38**
트러블 상황에서는 우드 대신 하이브리드 클럽을 사용한다 / **40**
▶ 하이브리드 스윙 연속 동작–정면, 측면 / **42**

5타 이상은 줄일 수 있는 드라이버 방향성 잡기

DIRECTION 방향성

방향성에 직접적인 영향을 미치는 것은 클럽페이스와 스윙궤도이다 / **46**
드라이버 샷의 비거리가 줄어드는 원인은 아웃-투-인 궤도에서 시작된다 / **48**
볼을 가장 똑바로 칠 수 있는 클럽페이스의 모양을 알자 / **50**
슬라이스의 가장 빠른 대처법은 인-투-아웃 궤도와 스트롱 그립이다 / **52**
슬라이스 중에서도 가장 악성인 풀 슬라이스의 원인과 교정법 / **54**
왼쪽 어깨가 올라가고 머리가 들리는 동작이 푸시 슬라이스의 원인이다 / **56**
훅의 종류를 정확히 파악하여 대처한다 / **58**
훅 중에서도 가장 악성인 풀 훅의 원인과 치유법 / **60**
백스윙 때 클럽의 샤프트와 헤드는 같은 스윙 플레인 상에 있어야 한다 / **62**
백스윙톱에서 샤프트가 향하는 방향이 샷의 방향을 결정한다 / **64**
방향성을 좋게 하기 위한 백스윙톱 만드는 요령 / **66**
백스윙톱에서 왼손목의 모양에 따라 볼의 방향이 결정된다 / **68**
임팩트 구간에서 몸이 팔보다 빠르면 볼은 오른쪽으로, 팔이 몸보다 빠르면 볼은 왼쪽으로 간다 / **70**
팔로스루는 왼팔 위로 오른팔이 올라가면서 큰 원을 그리는 이미지를 생각한다 / **72**

비거리 늘리는 비법 배우기

DRIVING DISTANCE 비거리

비거리를 늘리려면 그립을 부드럽게 잡는다 / **76**
파워를 극대화하려면 몸을 좌우로 크게 움직이지 않는다 / **78**
강력한 다운스윙의 시작은 왼발을 강하게 딛으면서 엉덩이를 왼쪽으로 이동하는 것이다 / **80**
다운스윙 때는 왼팔과 샤프트의 각도가 일찍 풀리지 않아야 한다 / **82**
파워를 최대한으로 발휘하는 임팩트 자세를 만든다 / **84**
임팩트까지는 y자, 이후 1미터까지는 Y자, 팔로스루는 역 y자를 이룬다 / **86**
상위 1% 장타자는 오른발을 스프링처럼 이용한다 / **88**
피니시에서는 벨트의 버클이 목표방향을 향하도록 하라 / **90**
헤드 스피드를 효과적으로 높이는 간단한 연습을 따라한다 / **92**
시간이 없을 때 몸을 효과적으로 푸는 방법 / **94**

골프 용어 / **96**

BASIC

드라이버를 쉽게 칠 수 있는 기초 마스터하기

ADDRESS

어드레스

손가락은 견고하게, 손목은 부드럽게 그립을 잡는다

드라이버 그립을 잡을 때 거리를 멀리 치려는 생각이 강하면 어깨와 팔에 힘이 들어가게 된다. 그러나 근육에 힘이 들어가면 클럽헤드 스피드를 이끌어 낼 수 없고, 오히려 몸이 유연한 상태가 되어야 더 빠른 스윙 스피드로 볼을 멀리 칠 수 있게 된다.

따라서 그립은 반드시 손가락을 사용하여 견고하게 잡되 손목과 팔, 어깨는 힘을 빼서 몸이 유연해지도록 해야 한다. 그리고 왼손의 마지막 3개의 손가락과 오른손의 중지와 약지를 그립에 잘 압착시켜 견고하게 잡아서 클럽이 손안에서 쉽게 움직이지 않도록 한다.

손가락을 이용하여 잡되, 왼손의 마지막 세 손가락과 오른손 중지와 약지를 그립에 잘 압착시켜 잡는다

PART 01 **BASIC**

손목과 팔, 어깨의 힘을 빼서 몸이 유연하게 움직일 수 있도록 한다.

ADDRESS

어드레스

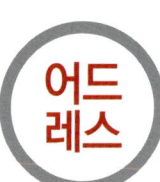

드라이버는 스트롱 그립이 유리하다

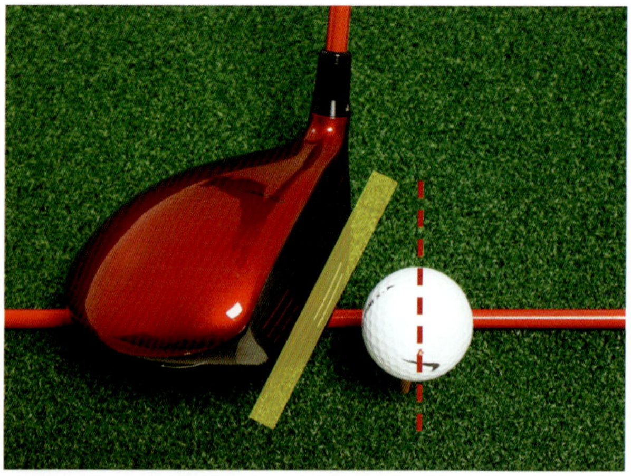

클럽페이스가 오픈되어 임팩트가 되면 슬라이스가 심해진다.

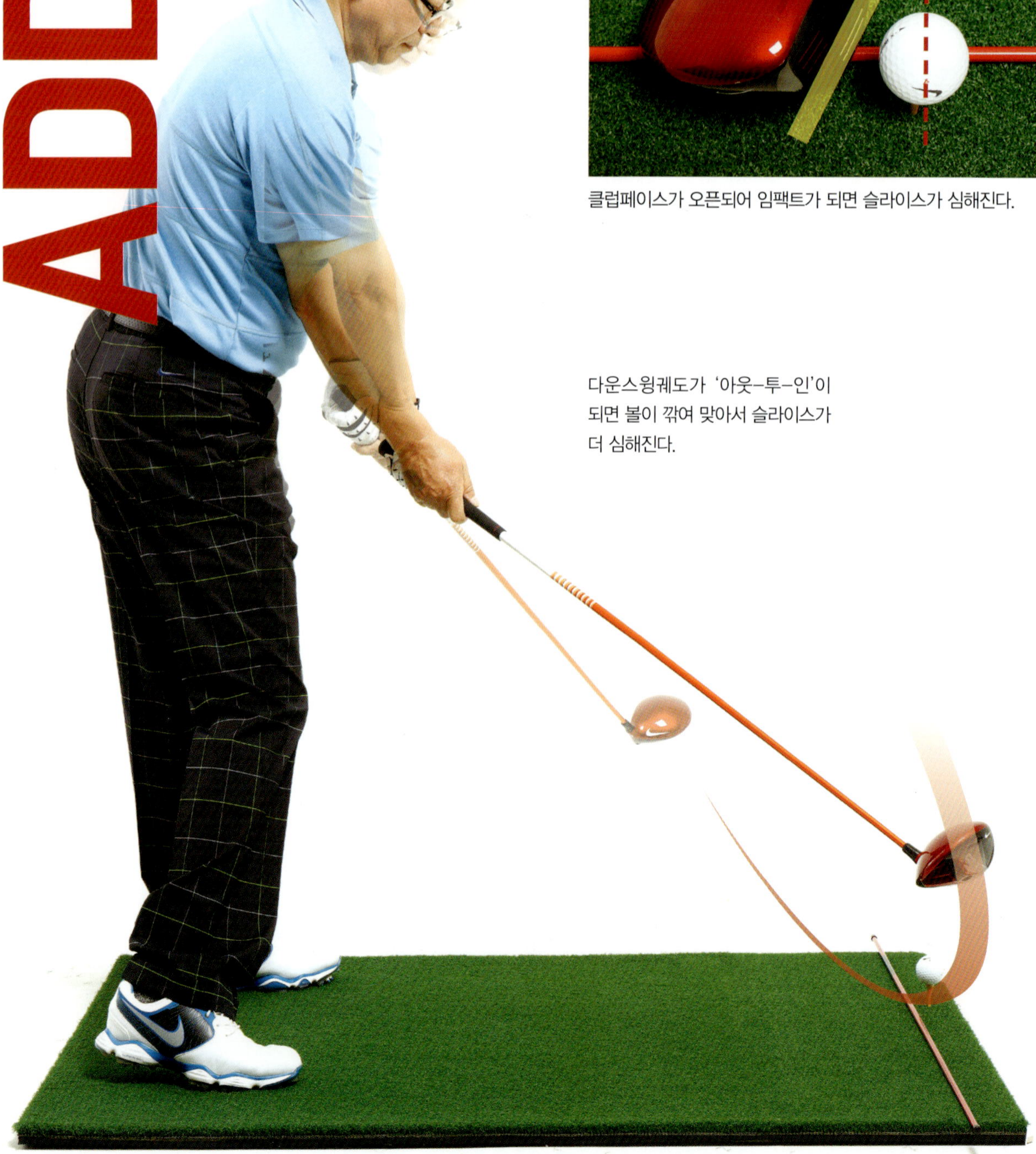

다운스윙궤도가 '아웃-투-인'이 되면 볼이 깎여 맞아서 슬라이스가 더 심해진다.

드라이버는 가장 긴 클럽이기 때문에 다루기가 만만치 않다. 특히 임팩트 순간에 클럽페이스를 스퀘어로 맞추기가 가장 어렵기 때문에 방향성에 문제가 많이 생기게 된다. 초보자 때는 클럽페이스가 열리는 문제가 더 많이 발생하기 때문에 주로 슬라이스가 나는 경향이 있다. 이때 스윙궤도가 '아웃-투-인'이 되면 볼이 깎여 맞아서 슬라이스가 더 심하게 일어난다.

슬라이스의 주범인 오픈된 클럽페이스를 방지하려면 어드레스 때 스트롱 그립을 잡는 것이 필수이다. 스트롱 그립은 양손을 시계방향으로 더 돌려서 잡는 방법으로, 정면에서 볼 때 왼손등과 오른손바닥이 더 많이 보이도록 해서 양손의 엄지와 검지로 이룬 V자 선이 오른쪽 어깨를 향하는 그립이다. 이 그립을 잡게 되면 임팩트 때 클럽페이스가 닫히려는 경향이 강해져서 슬라이스를 손쉽게 방지할 수 있다.

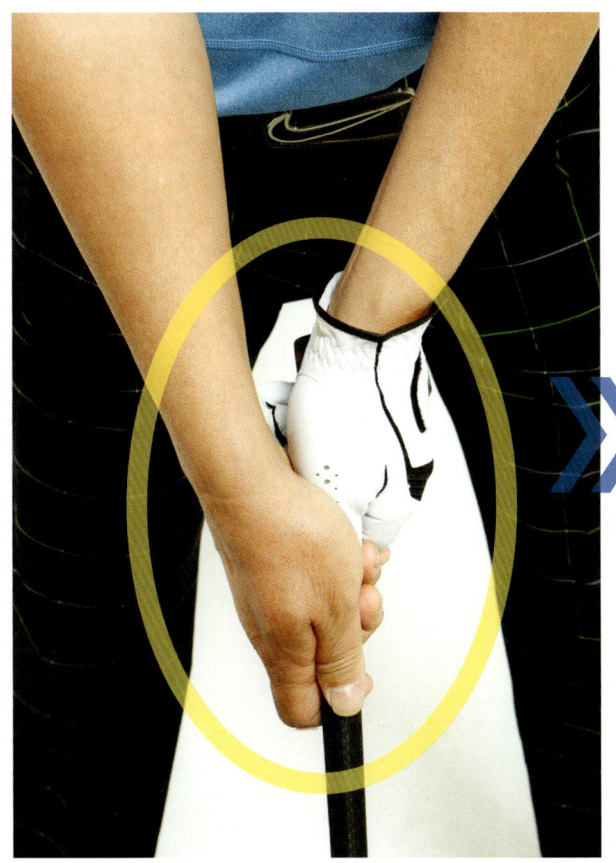
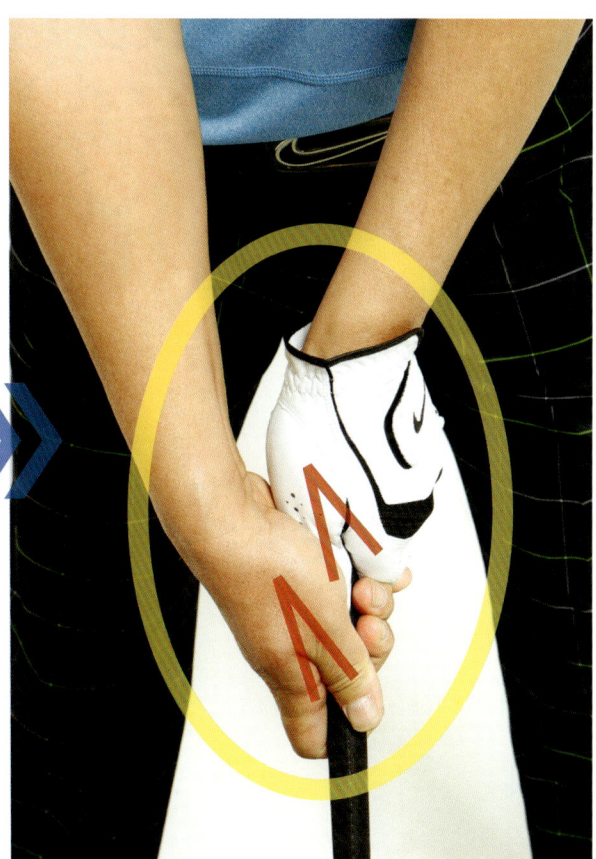

뉴트럴 그립에서 스트롱 그립으로 바꾸면 임팩트 때 클럽페이스가 열리는 것을 방지할 수 있다. 스트롱 그립은 양손의 엄지와 검지가 이룬 V자 선이 오른쪽 어깨를 향한다.

ADDRESS

 어드레스

스탠스는 어깨너비보다 넓게 벌리고, 볼의 위치는 왼발 바로 안쪽에 둔다

오른쪽 어깨는 살짝 기울여서 후방에서 볼을 바라보는 느낌을 갖는다.

드라이버는 길이가 제일 길고 임팩트 존에서 가장 빨리 지나가기 때문에 스윙을 최대한 역동적으로 해야 하는 클럽이다. 스윙은 순간적으로 빠른 가속 상태가 되기 때문에 그 움직임을 지탱하려면 강하고 탄력 있는 하체가 필요하다. 하체를 튼튼하게 유지하려면 스탠스의 너비를 적정하게 해야 하는데, 너무 넓으면 회전동작이 어려워지고 너무 좁으면 체중이동의 효과가 없어지게 된다.

따라서 적어도 자신의 어깨너비보다는 조금 넓게 서는 것이 좋다. 그리고 볼을 어퍼 블로우(Upper Blow, 상향 타격)로 쳐야 하는데, 그렇게 하기 위해서는 볼의 위치를 클럽헤드가 최저점을 지나서 올라가는 길목에 놓는 것이 좋으며 그 지점은 왼발 뒤꿈치 안쪽 선상이 적절하다.

스탠스가 너무 넓으면 충분한 회전동작이 어려워진다.

스탠스가 너무 좁으면 체중 이동의 효과가 떨어진다.

클럽헤드가 올라가면서 볼을 치기 위해서는 볼을 왼발 뒤꿈치 안쪽 선상에 놓는 것이 좋다.

드라이버의 스탠스는 어깨너비보다 조금 넓고, 6:4의 비율로 오른발 쪽에 체중을 약간 더 실어준다. 드라이버는 올라가는 스윙궤도에서 임팩트가 이루어지기 때문이다.

PART 01 **BASIC**

클럽헤드가 스윙궤도의 최저점을 통과한 후 떠오르기 시작하는 시점에서 임팩트를 하게 된다.

볼을 왼발 뒤꿈치 안쪽 선상에 놓고 티 위에 있는 볼을 정확하게 치기 위해서는 어퍼 블로우 궤도가 이상적이다.

몸이 원통 안에 있다고 생각하고 축을 고정한 채 스윙한다.

팔로만 스윙을 하면 어깨 회전이 작아져 스윙 아크가 작아진다.

비거리를 내기 위해 몸을 좌우로 과하게 움직이면 임팩트를 정확하게 하기 힘들다.

14 /// 15

ADDRESS

어드레스 — 양발과 어깨는 타깃라인과 평행하게 맞춘다

주말골퍼들이 필드에서 범하는 가장 큰 실수 중의 한 가지는 잘못된 에이밍(Aiming)과 얼라인먼트(Alignment)이다. 타깃에 비해 지나치게 왼쪽이나 오른쪽으로 잘못 조준하게 되면 방향을 보정시키기 위해 스윙 자체에 변형이 일어나게 된다. 이렇게 잘못된 얼라인먼트에 맞추려는 스윙을 반복하다 보면 점점 몸에 익숙해져서 결국은 잘못된 에임과 변칙 스윙이 몸에 밴다.

따라서 처음부터 어드레스를 할 때 양발, 양 무릎, 양 어깨는 타깃라인과 평행하게 맞추는 것을 습관화해야 한다. 타깃을 향해 어드레스를 하고 나서 샷을 하기 전에 클럽을 가슴 앞에 대고 양팔로 잡아서 클럽의 끝이 향하는 곳을 점검하면 자신의 얼라인먼트가 제대로 되어있는지 쉽게 확인할 수 있다.

연습장의 매트를 떠올리면서 볼과 목표방향을 연결하는 타깃라인과 양발, 양 무릎, 양 어깨를 평행하게 만들어 준다는 점에 주의한다.

타깃라인

PART 01 **BASIC**

어드레스 자세에서 클럽을 가슴 앞에 올려보면 얼라인먼트가 제대로 됐는지 확인하기 쉽다.

양발, 양 무릎, 양 어깨가 타깃 라인과 평행해야 한다.

몸이 목표방향의 왼쪽을 향하면 슬라이스가 나기 쉽다.

몸이 목표방향의 오른쪽을 향하면 훅이 나기 쉽다.

ADDRESS

스윙 아크를 크게 하려면 엉덩이를 올리고 더 선 상태로 어드레스를 한다

드라이버는 가장 긴 클럽이기 때문에 그 장점을 잘 활용해서 스윙 아크를 충분히 크게 휘두르면 비거리를 늘릴 수 있다. 그렇게 하기 위해서는 어드레스를 할 때 클럽이 쉽고 활발하게 움직일 수 있는 통로를 만들어 줘야 한다.

따라서 드라이버를 위한 어드레스를 할 때는 엉덩이를 더 올리고 무릎은 거의 편 상태가 되어야 하며, 상체의 척추는 곧게 펴고, 턱을 들어서 더 크게 서는 느낌으로 하는 것이 좋다. 엉덩이가 처지거나 무릎을 많이 굽히면 하체의 불필요한 움직임이 많아지고, 등이 굽거나 고개를 많이 숙이면 스윙 아크가 작아지고 스윙도 제한되어서 역동적인 스윙을 하기 어렵다.

- 목과 척추 라인은 일직선이 되도록 한다.
- 턱은 살짝 들어준다.
- 어깨의 힘을 빼고 양팔이 자연스럽게 늘어지는 위치에서 그립을 한다.
- 엉덩이는 아이언 어드레스보다 조금 더 올려준다.
- 엉덩이를 올린 상태에서 무릎은 살짝 구부린다.

PART 01 BASIC

척추를 너무 구부리면 스윙이 가파르게 되어 뒤땅이 나기 쉽다.

고개를 너무 숙이면 백스윙 시 왼쪽 어깨가 통과할 공간이 막혀 어깨 회전이 잘 되지 않는다.

엉덩이가 처지고 무릎을 많이 구부리면 상체는 들리고 체중이 뒤꿈치 쪽에 쏠려 탑볼이 나기 쉽다.

ADDRESS

어드레스

우드의 어드레스는 빙판 위에서 미끄러지지 않기 위해 중심을 잡듯이 선다

오른쪽 어깨가 살짝 내려오도록 어드레스를 취한다.

양손의 위치는 볼과 같은 선상에 오도록 한다.

체중분배는 양발에 5:5로 균등하게 둔다.

볼의 위치는 스탠스 중간보다 볼 1개 정도 왼쪽에 둔다(5번 우드 기준).

PART 01 BASIC

페어웨이 우드는 클럽헤드의 바닥이 넓고 둥글기 때문에 뒤땅을 조금 치더라도 볼을 앞으로 보낼 수 있고 샤프트의 길이는 드라이버보다 짧기 때문에 컨트롤이 더 용이하다. 특히 여성들에게는 비거리 면에서 도움을 많이 줄 수 있는 유용한 클럽이다.

우드 어드레스를 할 때는 아이언보다 몸을 더 세우고 얼음판 위에서 미끄러지지 않도록 양발을 잘 지탱해서 중심을 잡듯이 선다. 볼의 위치는 스탠스 중간보다 볼 1개 정도 왼쪽에 두고 손의 위치는 볼과 같은 선상에 놓는다. 체중의 분배는 양발에 균일하게 둔다.

척추를 곧게 펴고, 등과 목이 일직선이 되도록 고개를 숙이면 안된다.

양팔은 자연스럽게 늘어뜨려 그립을 잡는다.

무릎은 살짝 구부리고 무게중심이 발바닥 중앙과 엄지발가락 아래 도톰한 부분 사이에 오도록 한다.

드라이버 샷은 때리는 샷이 아니라 휘두르는 샷이다

드라이버 샷을 할 때 볼을 멀리 보내기 위해서 그립을 꽉 잡고 팔의 근육을 이용해서 볼을 순간적으로 세게 때리는 골퍼들이 많다. 그러나 볼을 강하게 때리려고 하면 스윙의 리듬감과 유연성을 잃기 쉽다. 이렇게 되면 임팩트 존에서 볼과 접촉하는 클럽헤드가 볼의 진행선 상에 오래 머무르지 못하고 바로 벗어나기 때문에 방향성에 문제가 생기게 된다.

따라서 드라이버 샷을 일관되게 잘 하려면 볼을 급하게 때리려고 하지 말고 볼을 향하여 클럽헤드가 지나가도록 큰 원을 구김살 없이 그려준다는 개념으로 휘둘러야 한다.

드라이버 샷의 기본 개념은 볼을 때리는 것이 목적이 아니라 클럽헤드가 큰 원을 그리면서 볼을 향해 지나가도록 휘두르는 것이다.

PART 01 **BASIC**

볼을 순간적으로 급하게 때리는 샷을 하면 피니시가 제대로 되지 않는다.

드라이버 샷은 클럽헤드가 타깃라인 상에 오래 머무르는 느낌으로 길게 스윙을 해야 미스 샷이 줄어든다.

볼을 의도적으로 띄우려고 하면 오른쪽 어깨가 처지거나 왼쪽 팔꿈치가 빠지면서 클럽이 당겨진다.

SWING

스윙 백스윙은 낮고 길고 부드럽게, 다운스윙은 역동적으로 가속시킨다

어깨와 팔이 이루는 삼각형을 유지하면서 왼손을 몸 오른쪽으로 멀리 보낸다는 느낌으로 낮고 길게 백스윙을 한다.

백스윙을 팔로만 하거나 코킹을 너무 일찍 하면 백스윙 궤도가 너무 가파르게 되어 볼을 찍어치게 된다.

PART 01 **BASIC**

드라이버 미스 샷을 유발시키는 가장 큰 원인은 백스윙 때 클럽을 팔로만 치켜 올리거나 코킹(Cocking)을 너무 일찍 시작해서 스윙 플레인(Swing Plane)을 너무 가파르게 만들기 때문이다. 이러한 백스윙의 결과로 인해 다운스윙도 가파르게 이루어져 볼이 찍혀 맞거나 빗맞게 되어 스카이 볼 내지는 휘는 구질이 될 수밖에 없다. 따라서 안정된 백스윙을 하기 위해서는 테이크어웨이 때 클럽헤드를 지면에서 낮고 길게 가져가야 한다. 이렇게 하면 어깨 회전이 더 잘 이루어지고 백스윙톱에서는 힘을 더 강력하게 모을 수 있다. 그리고 다운스윙에서는 느리고 부드러운 템포보다는 자신이 할 수 있는 한 가장 빠르게 클럽을 휘두르는 역동적인 스윙을 해줘야 드라이버 샷의 효과를 극대화 할 수 있다.

다운스윙 때는 클럽헤드 스피드를 최대한 높이기 위해서 몸의 역동성을 살려야 한다. 투수의 언더스로(Under Throw) 투구폼을 상상하며 팔을 휘둘러보자.

드라이버를 칠 때는 너무 가파른 스윙궤도보다는 완만한 스윙궤도가 더 적합하다.

손목코킹이 일찍 풀리면 미스 샷의 원인이 된다. 이것을 방지하려면 그립 끝에 티를 꽂고 티가 볼을 최대한 향하도록 하면서 다운스윙을 하면 도움이 된다.

SWING

스윙 드라이버 샷은 머리를 볼보다 뒤쪽에 두고 어퍼 블로우로 스윙한다

드라이버 샷을 잘 하는 투어프로들의 임팩트 순간을 보면 예외 없이 공통점이 있다. 머리가 볼의 위치보다 뒤쪽에 머물러 있고 볼을 약간 어퍼 블로우로 올려 친다는 점이다. 게다가 클럽이 릴리스 된 후에는 양팔을 충분히 뻗어주는 것을 볼 수 있다.

임팩트 때 머리의 위치를 볼 뒤쪽에 고정하면 어퍼 블로우 궤도로 임팩트를 하게 된다.

클럽헤드의 스피드는 임팩트 후에 최대가 되야 하므로 클럽을 멀리 내던진다는 느낌으로 양팔을 펴면서 역동적으로 스윙한다.

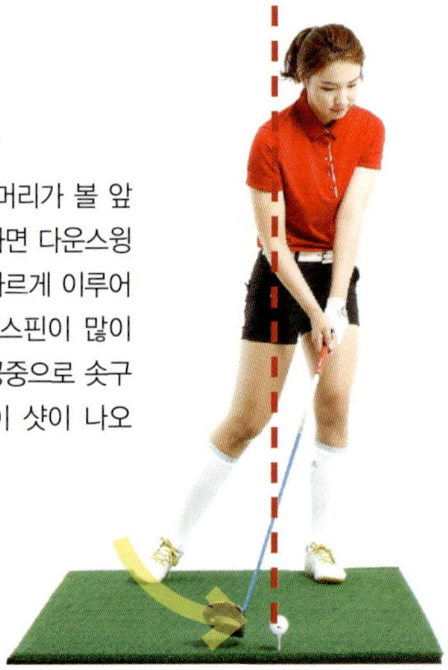

임팩트 때 머리가 볼 앞쪽으로 나가면 다운스윙 궤도가 가파르게 이루어져 볼에 백스핀이 많이 생기면서 공중으로 솟구치는 스카이 샷이 나오게 된다.

주말골퍼들이 이러한 동작을 완벽하게 구사하기는 힘들어도 이 개념에 맞는 스윙을 할 줄 알아야 한다. 머리를 볼 뒤쪽에 두고 약간 올려치는 타격 방법은 볼에 걸리는 백스핀의 양을 최소화시켜 볼이 더 멀리 똑바로 날아갈 수 있도록 해준다. 만일 머리가 볼보다 앞쪽으로 나가면 다운스윙이 너무 가파르게 이루어져 볼이 찍혀 맞아 공중으로 솟구치는 샷이 되거나 의외로 낮은 탄도의 구질이 나오게 된다.

클럽헤드가 스윙궤도의 최저점을 지나 올라가면서 임팩트가 이루어지면 백스핀이 감소되어 적절한 탄도로 날아가게 된다.

클럽헤드가 볼에 다운 블로우로 가파르게 접근하면 스카이 샷이 나오거나 낮은 탄도의 구질이 된다.

SWING

스윙 — 드로우를 구사하면 비거리가 적어도 20미터는 늘어난다

드라이버 샷의 페이드(Fade) 구질은 똑바로 날아가는 스트레이트 구질보다 적어도 10미터 이상 짧은 것이 일반적이다. 반대로 드로우(Draw) 구질은 적어도 10미터 정도 더 멀리 나아간다. 즉, 페이드와 드로우 구질의 거리 차이는 20미터가 나는 것이 보통이다. 게다가 지면에서 구르는 거리(런, Run)를 고려하면 20미터 이상 차이가 난다고 봐야 한다. 거리 때문에 고민하는 골퍼들은 대개 페이드나 슬라이스 구질을 가지고 있는 경우가 대부분이다. 그러나 똑같은 신체조건과 힘을 사용하고도 어떤 구질을 구사하느냐에 따라 비거리를 20미터 이상 늘릴 수 있다.

드로우 샷의 특성은 볼이 약간 우측으로 출발해서 살짝 왼쪽으로 커브를 그리는 샷이다. 이렇게 치기 위해서는 임팩트 때 클럽페이스를 더 닫기 위해 스트롱 그립을 취하고, 볼이 우측으로 출발하도록 다운스윙 궤도는 '인-투-아웃'이 되어야 한다.

드로우를 치기 위해서는 스트롱 그립을 잡는다.

드로우 어드레스는 타깃의 오른쪽을 향하고, 스탠스는 오른발을 왼발보다 뒤쪽에 두고, 클럽헤드는 살짝 닫고, 스윙궤도는 '인-투-아웃'이 되어야 한다.

드로우 피니시는 릴리스를 평소보다 유연하게 더 많이 하는 느낌을 가지면서 피니시는 끝까지 해준다.

페이드 피니시는 클럽페이스가 완벽하게 릴리스되지 않고 열린 듯한 느낌으로 임팩트하고 팔로스루를 한다. 피니시를 끝까지 하지 않을 수도 있다.

드라이버 스윙 연속 동작-정면

스탠스는 어깨너비보다 넓게 벌리고, 볼은 스탠스 왼발 선상에 둔다.

왼쪽 어깨를 오른쪽으로 크게 회전시키며 상체를 회전시킨다.

백스윙톱에서 등이 목표방향을 가리키고 오른쪽 무릎은 계속 정면을 향한다.

드라이버 스윙 연속 동작-측면

척추를 곧게 펴고, 등과 목이 일직선이 되도록 한다. 양팔은 자연스럽게 늘어뜨려 그립을 잡는다. 무릎은 살짝 구부린다.

백스윙은 손으로 하는 것이 아니라 어깨 회전을 이용하여 일체감 있게 이루어져야 한다.

PART 01 BASIC

다운스윙은 엉덩이를 왼쪽으로 수평이동시키며 왼발로 지면을 밟으면서 시작한다.

임팩트 순간에는 어깨와 타깃 라인이 거의 평행하지만 엉덩이는 열려 있다.

목표방향으로 클럽을 내던지는 느낌으로 크게 휘두른다.

피니시에서 오른발 뒤꿈치를 세워주고, 왼쪽 다리만으로도 균형을 잃지 않고 설 수 있도록 중심을 잡는다.

가슴이 열리는 속도를 최대한 늦추면서 엉덩이를 회전시켜 클럽이 내려오도록 한다.

어깨와 팔이 만드는 삼각형을 유지하면서 임팩트를 한다. 이때 왼팔은 곧게 펴준다.

양팔이 최대한 곧게 펴지도록 한다.

SWING

우드를 칠 때는 큰 원을 그리듯 아크를 만든다

보통 페어웨이에서 우드를 칠 때는 쓸어 치라고 배워왔다. 하지만 너무 쓸어 치는 개념으로 우드 샷을 하면 임팩트가 약해지고, 특히 탑핑이 자주 발생하여 볼이 낮게 날아가는 경우(일명 뱀샷)가 빈번히 생긴다. 쓸어 친다는 올바른 의미는 클럽헤드가 볼에 접근하는 각도를 완만하게 해서 임팩트 구간에서 다운 블로우로 찍히지 않고 넓은 호를 이루면서 지면을 스치고 지나가는 것을 말한다. 즉, 볼을 향해 스윙을 하되 큰 원을 그리듯이 아크를 형성해야 한다.

그러기 위해서는 백스윙 때 어깨 회전을 충분히 하여 볼 뒤에서 몸의 꼬임을 만들고 백스윙톱에서는 부드러운 전환이 필요하다. 그리고 다운스윙 때 엉덩이와 팔을 가속시켜서 타격을 하며, 큰 원을 그리듯이 하여 피니시에 이르도록 해야 한다.

볼을 쓸어 친다는 의미는 클럽헤드가 넓은 호를 그리면서 지면을 스치고 지나가는 것을 말한다.

찍어 친다는 의미는 가파른 다운스윙으로 클럽헤드가 볼에 접근한다는 것을 말한다.

PART 01 BASIC

우드 샷은 전체적인 스윙을 큰 원을 그리듯이 한다는 느낌으로 한다.

어깨는 90도 정도 회전해야 한다. 등이 목표를 향할 때까지 상체를 회전시킨다. 허리는 45도 정도 회전해야 한다.

손으로만 클럽을 들어 올리면 어깨 회전이 작아진다.

우드를 잘 치기 위해서는 백스윙 톱에서 다운스윙을 시작할 때 부드러운 전환동작이 필요하다.

백스윙톱에서 다운스윙을 급하게 하면 몸에 힘이 들어가 손목코킹이 일찍 풀리고 미스 샷이 발생한다.

SWING

스윙 우드 샷이 뜨지 않는 3가지 이유

우드는 지면 위에서 사용하는 클럽 중에서 로프트가 가장 작은 클럽이다. 그 결과 샷을 할 때 볼이 잘 뜨지 않는 문제점이 자주 발생한다. 우드 샷의 탄도가 낮은 데는 3가지 원인이 있다.

첫째, 다운스윙 시 상체가 타깃 쪽으로 쏠려서 클럽의 로프트가 더 작아지면서 볼이 낮게 날아간다. 이 경우에는 임팩트 때 머리를 반드시 볼 뒤쪽에 두어야 한다.

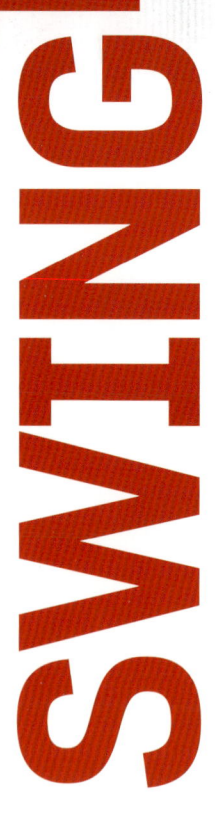

다운스윙 때 상체가 타깃 쪽으로 쏠리면 클럽의 로프트가 작아지면서 임팩트가 이루어지기 때문에 볼의 탄도가 낮아진다.

머리를 볼 뒤에 둔 상태로 임팩트가 이루어지면 클럽의 로프트가 커지기 때문에 볼의 탄도가 적당히 높아진다.

둘째, 스윙 플레인 자체가 너무 플랫해서 볼에 임팩트 에너지가 옆으로 전달되기 때문이다. 스윙 플레인이 플랫하면 볼에 접근하는 클럽헤드의 입사각이 너무 완만해서 볼이 나아가는 반사각도 작아질 수밖에 없다. 이 경우에는 보다 업라이트한 스윙을 해야 볼을 더 띄울 수 있다.

클럽헤드가 볼에 접근할 때 각이 약간 가파르면 높은 탄도의 샷이 나온다.

클럽헤드가 볼에 접근할 때 각이 너무 완만하면 낮은 탄도의 샷이 나온다.

셋째, 클럽헤드 스피드가 너무 느려서 볼을 띄우는 요소인 백스핀을 충분히 만들지 못하기 때문이다. 이 경우에는 단기적으로 스피드를 향상시키기가 어렵기 때문에 꾸준히 클럽헤드 스피드를 늘리는 운동이나 연습을 통해 가능해진다. 스위시 드릴, 즉 클럽을 거꾸로 들고 한손으로만 속도를 내어 스윙하는 방법이 효과적인데, 양손을 번갈아가며 1회 20번씩 수시로 해주면 효과가 좋다. 또한 스윙팬이나 무거운 클럽을 휘두르는 연습도 매우 도움이 된다.

클럽을 거꾸로 잡고 휘두르면서 헤드 스피드 감을 익힌다. 이때 임팩트 이후 '획~' 소리가 나야 한다.

스윙팬을 휘두르는 연습을 꾸준히 하면 클럽헤드 스피드를 높일 수 있다.

페어웨이 우드 스윙 연속 동작-정면

스탠스는 어깨너비보다 조금 넓게 벌리고, 볼은 스탠스 중앙보다 조금 왼쪽에 둔다.

어드레스 ▶▶ 백스윙 ▶▶ 백스윙톱 ▶▶

페어웨이 우드 스윙 연속 동작-측면

어드레스 ▶▶ 백스윙 ▶▶ 백스윙톱 ▶▶

| 다운스윙 | 임팩트 | 팔로스루 | 피니시 |

| 다운스윙 | 임팩트 | 팔로스루 | 피니시 |

SWING

하이브리드 클럽을 칠 때는 양발 안에서 회전한다

하이브리드는 우드와 아이언의 장점을 합쳐놓은 클럽으로, 거리에 대한 이점을 살릴 수 있는 동시에 다루기도 쉬워 매우 유용하다. 특히 근력이 약하거나 헤드 스피드가 느린 골퍼들에게는 더할 나위 없이 효율적이다.

하이브리드 클럽은 7번 우드(5번 아이언) 정도의 셋업을 해서 단순하게 스윙하는 것이 좋다. 몸통은 좌우로 많이 움직이지 말고 스탠스를 취한 양발 안에서 몸의 회전 및 체중이동이 이루어지게 해서 다운 블로우의 개념을 섞어 치는 것이 좋다. 너무 쓸어 치는 것에 집착하지 말고 다운 블로우로 치되 볼 앞쪽 지면을 스친다는 느낌이면 만족할만한 결과가 나올 것이다.

하이브리드 클럽은 우드의 쓸어 치는 개념보다는 아이언의 다운 블로우 개념으로 치는 것이 더 좋다.

몸이 큰 원통 안에 있다고 상상하고 원통 안에서 스윙이 이루어진다는 느낌으로 회전해야 체중이동이 잘 된다.

몸의 좌우 회전축이 너무 벗어나면 올바른 체중이동이 되지 않는다.

피니시 때 체중이 오른쪽에 많이 남으면 안 된다.

SWING

스윙 트러블 상황에서는 우드 대신 하이브리드 클럽을 사용한다

그린까지 남은 거리가 멀고 볼이 트러블 상황에 있을 때는 우드보다 하이브리드 클럽을 사용하면 미스 샷을 줄일 수 있다.

PART 01 BASIC

하이브리드 클럽의 또 다른 장점은 과거에는 우드로 치지 못했던 트러블 상황에서 유용하게 사용할 수 있다는 것이다. 특히 러프나 벙커에서 비교적 수월하게 사용할 수 있으며 거리 면에서도 손실이 적어 좋은 무기가 될 수 있다.

이러한 트러블 상황, 즉 페어웨이 벙커나 러프에서 칠 때는 볼의 위치를 너무 왼쪽으로 치우치지 않게 스탠스 중앙에서 볼 1개 정도만 오른쪽으로 놓는다. 이유는 볼이 왼쪽에 있으면 지면에 있는 장애물(잔디, 모래 등)에 클럽헤드가 미리 접촉되어 미스 샷이 발생할 확률이 높기 때문이다. 스윙을 할 때는 마치 아이언을 치듯 의도적으로 가파르게 하여 클럽헤드가 내려오는 상태에서 볼을 먼저 쳐야 성공적인 샷을 할 수 있다.

트러블 상황에서는 임팩트 직전에 클럽헤드가 잔디나 모래 등의 저항을 받기 때문에 볼의 위치를 약간 오른쪽에 두는 것이 좋다.

볼을 왼쪽에 둘 경우 클럽헤드가 장애물의 저항을 많이 받기 때문에 정확한 임팩트가 이루어지기 쉽지 않다.

하이브리드 스윙 연속동작-정면

어드레스 → 백스윙 → 백스윙톱

하이브리드 스윙 연속동작-측면

어드레스 → 백스윙 → 백스윙톱

PART 01 BASIC

다운스윙 → 임팩트 → 팔로스루 → 피니시

다운스윙 → 임팩트 → 팔로스루 → 피니시

DIREC-
TION

5타 이상은 줄일 수 있는 드라이버 방향성 잡기

PART 02

DIRECTION

방향성

방향성에 직접적인 영향을 미치는 것은 클럽페이스와 스윙궤도이다

드라이버 샷은 비록 비거리가 짧을지라도 스코어에 심각한 영향을 받지는 않는다. 그러나 방향성이 불안한 경우에는 티 샷이 OB(Out of Bound) 지역으로 갈 수 있기 때문에 스코어에 큰 영향을 미친다. 따라서 장타만 고집하지 말고 먼저 정확한 방향성을 갖추는 것이 중요하다.

샷의 방향성에 가장 영향을 많이 주는 요소는 클럽페이스(70%)와 스윙궤도(30%)이다. 샷을 한 볼이 날아가는 방향은 클럽페이스와 스윙궤도의 조합에 의해서 9가지 대표적인 구질로 나타난다(p.65 참고). 이 원리를 이해하면 구질만 보고도 스윙을 할 때 클럽페이스와 궤도가 어떻게 이루어졌는지 알 수 있고 볼의 방향성을 향상시키기 위해 스윙을 교정하는 데 큰 도움이 된다.

클럽페이스가 스퀘어가 된다는 전제 하에 스윙궤도가 '인-투-인'일 때 볼은 똑바로 날아간다.

PART 02 DIRECTION

임팩트 때 클럽페이스가 스퀘어(타깃방향과 직각을 이룸)이 되면 볼은 똑바로 날아간다.

임팩트 때 클럽페이스가 열리면 볼이 깎여 맞기 때문에 슬라이스와 같이 오른쪽으로 휘는 구질이 생긴다.

임팩트 때 클럽페이스가 닫히면 볼이 왼쪽으로 휘어지고 훅 구질이 나타난다.

스윙궤도가 '인-투-아웃'이 되면 볼은 오른쪽으로 똑바로 날아가는 푸시볼 구질이 된다.

스윙궤도가 '아웃-투-인'이 되면 볼은 왼쪽으로 똑바로 날아가는 구질이 되거나 반대로 슬라이스가 발생할 수 있다.

DIRECTION

방향성

드라이버 샷의 비거리가 줄어드는 원인은 아웃-투-인 궤도에서 시작된다

골프를 제대로 배우면 실력이 꾸준히 향상되어 어느 정도까지는 큰 문제없이 골프를 즐길 수 있게 된다. 하지만 누구에게나 슬럼프는 찾아오는 법이다. 특히 골퍼들에게 찾아오는 가장 흔한 슬럼프는 드라이버 샷이 슬라이스가 나며 비거리가 줄어드는 것이다. 이 문제점은 자신도 모르게 스윙궤도가 '아웃-투-인' 궤도로 변해가고 있는 상태에서 비롯된다.

드라이버 샷의 '아웃-투-인' 궤도는 방향성에 치명적인 악성 바이러스와도 같은 존재이며, 볼을 왼쪽으로 잡아당기는 풀 샷이나 클럽페이스가 조금이라도 열려 맞을 경우 심한 슬라이스를 유발하게 된다. 이런 경우에는 정반대로 '인-투-아웃' 궤도 연습을 집중적으로 하면 슬럼프에서 빨리 벗어날 수 있다.

다운스윙 궤도가 '아웃-투-인'이 되면 볼이 깎여 맞아서 심한 악성 슬라이스가 날 확률이 높다.

PART 02 **DIRECTION**

반대로 클럽페이스가 닫혀 맞으면 풀훅이 발생한다.

스윙궤도가 '아웃-투-인'에서 클럽페이스가 열려 맞으면 매우 심한 슬라이스가 난다.

'아웃-투-인' 궤도를 고치기 위해서는 헤드커버를 볼 뒤 20~30cm 지점에 놓고 헤드커버를 건드리지 않고 스윙을 하는 연습을 하면 효과적이다.

DIRECTION

방향성 볼을 가장 똑바로 칠 수 있는 클럽페이스의 모양을 알자

백스윙 중간 지점에서는 클럽페이스가 상체의 숙인 각도와 평행이어야 좋다.

어드레스 때 스퀘어 포지션은 클럽페이스가 타깃라인과 직각을 이룬다.

PART 02 **DIRECTION**

볼을 가장 똑바로 보내기 위해서는 임팩트 순간에 클럽페이스가 타깃라인에 직각(스퀘어)이 되어야 하고, 스윙궤도는 '인-투-인'이 되어야 함은 모두 알고 있는 사실이다. 그중 볼이 타깃을 향하여 직선으로 날아가게 하기 위한 클럽페이스 상태를 스퀘어 포지션이라고 하는데, 이것이 이루어지려면 클럽페이스가 각 스윙 구간에서 적정한 모양이 되어야 한다.

먼저 어드레스 때는 타깃라인과 직각이어야 한다. 백스윙 중간 단계, 즉 클럽헤드가 엉덩이 높이에 왔을 때는 리딩에지(Leading Edge)가 척추각도와 평행이어야 하고, 백스윙톱에서는 리딩에지가 왼팔과 평행인 상태이며, 임팩트 때는 다시 타깃라인과 직각을 이루어야 한다. 스윙은 짧은 시간 안에 순간적으로 끝나지만 각 스윙 구간에서 클럽페이스는 반드시 스퀘어 포지션을 이루어야만 볼을 똑바로 보낼 수 있다.

백스윙톱에서는 클럽페이스가 왼팔의 각도와 평행인 상태가 되어야 한다.

임팩트 때 스퀘어 포지션은 어드레스와 마찬가지로 타깃라인과 직각을 이룬다.

DIRECTION

방향성

슬라이스의 가장 빠른 대처법은 인-투-아웃 궤도와 스트롱 그립이다

미국의 저명한 골프잡지를 통해 발표된 내용 중에 골퍼들의 문제점 1위가 슬라이스라는 기사가 있었다. 사실 통계뿐만 아니라 주위에서도 보면 슬라이스 때문에 고민하는 사람들이 가장 많다. 하지만 슬라이스는 고치기 힘든 문제가 아니므로 신속하게 대처해서 정상적인 구질로 만들 수 있다.

가장 효과적이고 빨리 고칠 수 있는 방법은 그립을 손등이 더 보이도록 스트롱 그립으로 잡고, 다운스윙 궤도를 '인-투-아웃'으로 해주는 것이다. 그런데 아이러니하게도 일반 골퍼들 대부분은 볼이 오른쪽으로 휘기 때문에 타깃의 왼쪽으로 정렬을 하고 '아웃-투-인' 궤도를 구사하여 더욱 애를 먹는다. 즉, 왼쪽을 겨냥하고 슬라이스를 내서 볼이 페어웨이 가운데로 돌아오게 만드는데, 이렇게 해서는 절대로 슬라이스를 완벽하게 고칠 수 없다.

볼이 슬라이스가 나는 것을 고려하여 아예 에이밍을 왼쪽으로 하고 '아웃-투-인' 궤도로 스윙하면 더 심한 슬라이스가 나게 된다.

PART 02 **DIRECTION**

스윙궤도를 '인-투-아웃'으로 교정 후 왼손 손등이 더 보이는 스트롱 그립으로 바꿔서 클럽페이스가 조금 닫히게 만들어야 한다.

슬라이스를 고치기 위해서는 먼저 스윙궤도를 반대로 '인-투-아웃'으로 교정하여 볼이 오른쪽으로 출발하는 구질을 만들어야 한다.

스트롱 그립을 잡고 '인-투-아웃' 궤도로 스윙하면 볼이 오른쪽으로 출발하여 왼쪽으로 살짝 휘어지는 드로우 구질이 된다.

DIRECTION

방향성
슬라이스 중에서도 가장 악성인 풀 슬라이스의 원인과 교정법

슬라이스 중에서 가장 악성인 경우는 풀 슬라이스(Pull-Slice)이다. 풀 슬라이스란 볼이 목표 지점의 왼쪽으로 출발하다가 오른쪽으로 휘는 구질을 말한다. 풀 슬라이스는 푸시 슬라이스(Pushed Slice)보다 OB 지역으로 가는 경우는 적지만 고치기가 가장 힘든 상태까지 굳어진 악성 슬라이스라 할 수 있다. 풀 슬라이스 구질을 빨래줄 같이 똑바로 치기 위해 고치려면 시간도 많이 걸리고 실패할 확률이 높다. 따라서 가장 효과적인 치유법은 완전한 반대 구질을 과감하게 구사하는 것이다. 처음에는 힘들겠지만 큰맘 먹고 집중적인 연습을 하면 짧은 시간 안에 그 효과가 나타난다.

풀 슬라이스를 고치기 위해서는 클로즈드 스탠스(Closed Stance)로 서고, 발끝 라인을 따라 과장된 '인-투-아웃' 스윙을 구사하고, 클럽을 릴리스 할 때는 양 팔뚝을 돌려주는 동작(Forearm Rotation)을 적극적으로 해서 훅 구질이 될 때까지 연습하면 된다.

PART 02 **DIRECTION**

양 팔뚝을 돌려주는 동작을 적극적으로 하면 임팩트 때 클럽페이스가 열리는 것을 방지할 수 있다.

풀 슬라이스를 고치기 위해서는 클로즈드 스탠스를 취한 후 '인-투-아웃'으로 스윙한다.

DIRECTION

방향성

왼쪽 어깨가 올라가고 머리가 들리는 동작이 푸시 슬라이스의 원인이다

미스 샷을 하면 "헤드업 하지 마라!"라는 소리를 자주 듣는다. 헤드업이란 임팩트 순간까지 볼을 지켜보지 못하고 머리를 미리 타깃방향으로 돌리거나 위로 일으키는 동작을 말한다. 실제로 볼을 칠 때 특히 임팩트 순간에 왼쪽 어깨가 올라가거나 머리가 들릴 때는 볼이 오른쪽으로 출발하여 오른쪽으로 더 심하게 휘어지는 푸시 슬라이스가 일어나는 경우가 많다.

이것을 방지하려면 임팩트 때까지 볼을 더 오랫동안 주시하고 임팩트 후에도 볼이 있던 자리를 바라보는 습관을 가져야 한다. 집에서 벽에 머리를 고정시키고 숙여진 척추 각도를 그대로 유지하면서 스윙 턴 연습을 하거나 올바른 바디 턴을 익히는 연습도구를 사용하면 효과가 있다.

PART 02 DIRECTION

임팩트 때 머리가 들리지 않게 하기 위해 바디턴 도구를 사용해 연습하면 효과적이다. 도구가 없을 경우에는 클럽을 사용해도 좋다.

임팩트 때 머리가 들리거나 왼쪽 어깨가 올라가면 푸시 슬라이스가 발생한다.

헤드업을 고치려면 임팩트 때까지 볼을 오랫동안 바라보고, 임팩트 후에는 볼이 있던 자리를 바라보는 습관을 들이는 것이 좋다.

방향성 훅의 종류를 정확히 파악하여 대처한다

훅은 슬라이스보다 더 상급자에게 발생하는 미스 샷이다. 그만큼 훅은 몸에 깊숙이 배인 습관 때문에 고치기도 매우 어렵다. 하지만 훅의 종류를 정확히 진단하고 교정에 집중하면 빠른 시일 안에 효과를 볼 수 있다. 즉, 훅, 풀 훅(Pulled Hook), 푸시 훅(Pushed Hook) 모두 교정 방법이 다르기 때문에 자신이 어떤 종류의 훅인지를 먼저 파악하는 것이 중요하다.

똑바로 가다가 왼쪽으로 휘는 훅은 우리가 일반적으로 그냥 훅이라고 부르고, 스윙궤도는 올바르나 단순히 임팩트 때 클럽페이스가 닫히는 경우에 생긴다. 그리고 볼이 왼쪽으로 출발하다가 더 왼쪽으로 휘어지는 것은 풀 훅인데, 이 경우는 스윙궤도가 '아웃-투-인'으로 이루어지면서 클럽페이스도 닫혀 맞기 때문에 발생한다.

풀 훅

PART 02 DIRECTION

마지막으로 볼이 오른쪽으로 출발하다가 왼쪽으로 휘는 훅은 푸시 훅인데, 이 경우는 스윙궤도가 '인-투-아웃'으로 이루어지면서 클럽페이스가 닫혀 맞기 때문에 일어나는 현상이다. 이렇듯 자신의 훅의 종류를 정확히 파악하여 맞춤 교정을 해야 노력과 시간낭비를 줄일 수 있다.

일반적인 훅은 스윙궤도가 '인-투-인'이고 클럽페이스가 닫혀서 맞을 때 발생한다.

풀 훅은 스윙궤도가 '아웃-투-인'이고 클럽페이스가 닫혀서 맞을 때 발생한다.

훅　　　푸시 훅

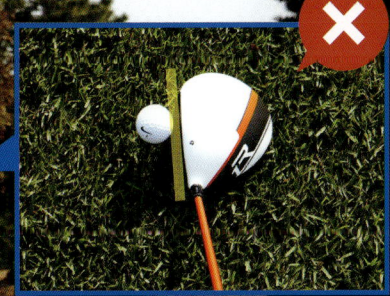

푸시 훅은 스윙궤도가 '인-투-아웃'이고 클럽페이스가 닫혀서 맞을 때 발생한다.

DIRECTION

방향성

훅 중에서도 가장 악성인 풀 훅의 원인과 교정법

훅 중에 가장 악성은 풀 훅이며 고치기도 매우 어렵다. 볼이 처음에는 왼쪽으로 진행하다가 설상가상으로 더 왼쪽으로 휘어지기 때문에 빗나가는 폭이 커져서 OB가 나기 쉽다. 풀 훅이 되는 원인은 '아웃-투-인' 궤도에 클럽페이스가 닫히는 것인데, 이점을 집중적으로 교정해야 한다.

먼저 스윙궤도를 교정하는 작업이 가장 어려운데, '아웃-투-인' 궤도를 '인-투-아웃'으로 고치기 위해서는 클럽헤드 커버를 이용하면 효과적이다. 클럽헤드 커버를 볼의 오른쪽 30cm 지점 선상에 놓고 클럽헤드가 커버에 닿지 않도록 클럽을 안쪽으로 끌고 내려와 볼을 치는 연습을 한다. 이 연습이 완벽하게 이루어 질 때까지 반복을 거듭해야 한다. 그리고 '인-투-아웃' 궤도가 완성되면 볼이 오른쪽으로 출발하는 것을 확인할 수 있다. 그 이후에는 클럽페이스가 닫히는 것을 방지해야 하는데, 이것은 단순히 스트롱 그립을 왼손 손등이 거의 보이지 않는 뉴트럴 그립으로 바꿔주면 된다.

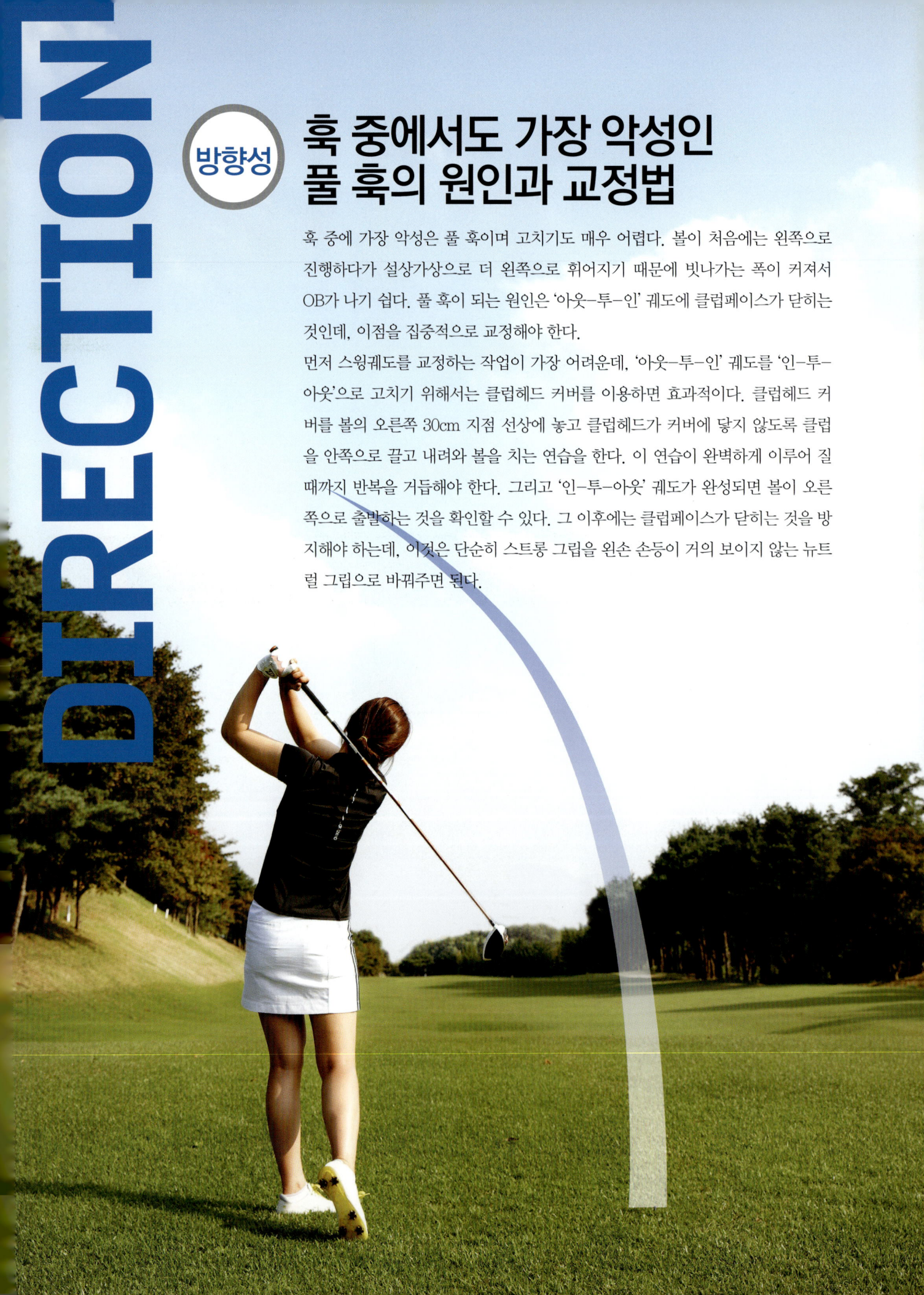

PART 02 DIRECTION

풀 훅을 고치려면 가장 먼저 스윙궤도를 '인-투-아웃'으로 바꿔야 한다. 이때 헤드커버를 이용해 연습하면 효과적이다.

스트롱 그립 대신 뉴트럴 그립으로 바꾸면 훅을 고치는 데 좋다.

DIRECTION

방향성

백스윙 때 클럽의 샤프트와 헤드는 같은 스윙 플레인 상에 있어야 한다

골프스윙은 클럽이 공기 저항이나 근육 저항 또는 물리적 저항을 적게 받을수록 편해진다. 특히 거리를 멀리 치기 위해 클럽헤드 스피드를 높여야 하는 경우에는 이 개념이 더욱 필요하다. 그런데 용어들이 다소 어렵다고 해서 복잡하게 생각할 필요는 없다. 저항을 가장 적게 받는 부드러운 스윙을 하기 위해서는 스윙 플레인을 이해하면 된다.

스윙 플레인이란 스윙을 하는 동안 샤프트가 지나가는 평면이라고 이해하면 쉽다. 스윙 플레인은 골퍼의 체형과 스윙 스타일에 따라 그 면이 더 누워있을 수도, 더 가파르게 서 있을 수도 있다. 중요한 점은 스윙 플레인 상에서 백스윙 때 샤프트와 클럽헤드가 동일한 평면에 있어야 저항을 가장 적게 받는다는 것이다. 따라서 코킹을 해도 샤프트가 움직이는 평면에서 클럽헤드가 벗어나지 않아야 하는 것이 핵심이다. 만일 샤프트가 지나가는 평면에서 클럽헤드가 벗어나거나 코킹이 잘못 이루어져 평면의 기울기가 중간에 변한다면 근육 또는 물리적 저항이 생겨서 최대 스피드를 이끌어낼 수 없다.

PART 02 **DIRECTION**

클럽헤드가 올바른 스윙 플레인보다 바깥쪽으로 벗어나면 '아웃-투-인' 다운스윙 궤도를 유발한다.

올바른 백스윙 궤도는 클럽헤드와 샤프트가 동일한 스윙 플레인 상에 있어야 한다.

클럽헤드가 올바른 스윙 플레인보다 안쪽으로 벗어나면 '인-투-아웃' 다운스윙 궤도를 유발한다.

DIRECTION

방향성 | 백스윙톱에서 샤프트가 향하는 방향이 샷의 방향을 결정한다

세계적인 프로들의 백스윙톱을 보면 우리가 추구해야 할 안정된 모습을 알 수 있다. 그들의 백스윙톱에서 샤프트가 향하는 방향을 살펴보자. 백스윙톱 정점 이전까지는 샤프트가 타깃의 왼쪽을 향하지만 정점에 다다르면 타깃방향과 평행하게 되는 것이 정석이다. 하지만 백스윙톱에서 샤프트의 방향이 달라지면 샷의 방향도 달라진다는 것을 알아야 한다.

백스윙톱에서 샤프트가 너무 왼쪽을 향하면(레이드 오프, Laid Off) 다운스윙이 '인-투-아웃'으로 이루어져 푸시 샷이 되기 쉽고, 반대로 너무 오른쪽을 향하면(크로스 오버, Cross Over) '아웃-투-인' 궤도가 형성되어 풀 샷이 되기 쉽다. 따라서 가장 똑바로 치기 위해서는 백스윙톱에서 샤프트가 가리키는 방향이 타깃방향과 평행이 되도록 해야 한다.

백스윙톱에서 클럽이 타깃 방향과 평행일 때 볼을 가장 똑바로 칠 수 있다.

PART 02 DIRECTION

클럽이 목표의 왼쪽 방향으로 눕는 상태가 되면 '아웃-투-인' 궤도를 유발하여 볼을 오른쪽으로 치기 쉽다.

클럽이 목표의 오른쪽 방향으로 돌아가면 볼을 왼쪽으로 치기 쉽다.

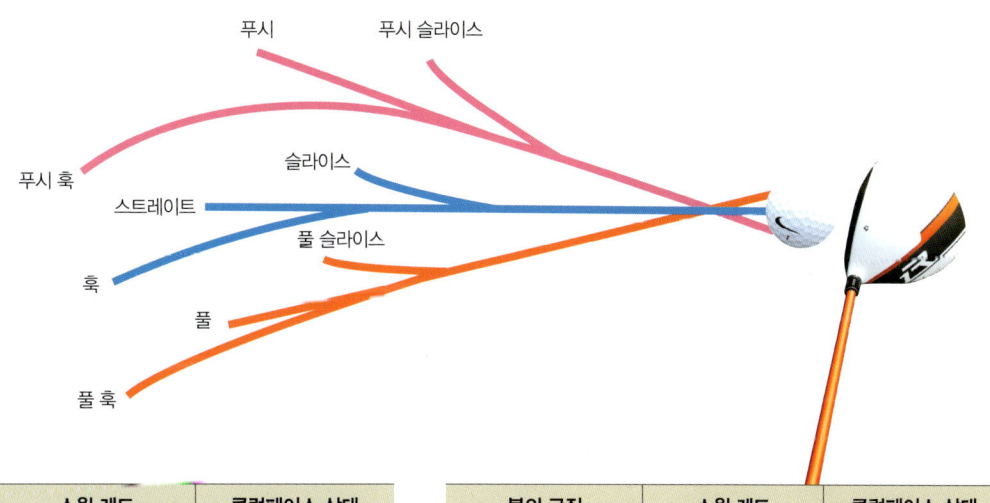

9가지 구질

볼의 구질	스윙 궤도	클럽페이스 상태
푸시 슬라이스	인-투-아웃	오픈
푸시	인-투-아웃	스퀘어
푸시 훅	인-투-아웃	클로즈드
슬라이스	스트레이트	오픈
스트레이트	스트레이트	스퀘어

볼의 구질	스윙 궤도	클럽페이스 상태
훅	스트레이트	클로즈드
풀 슬라이스	아웃-투-인	오픈
풀	아웃-투-인	스퀘어
풀 훅	아웃-투-인	클로즈드

DIRECTION

방향성 방향성을 좋게 하기 위한 백스윙톱 만드는 요령

문제점 1
백스윙톱에서 클럽이 목표의 왼쪽을 향할 경우

원인 1
백스윙이 너무 바깥쪽으로 진행되기 때문이다.

원인 2
백스윙톱에서 왼손목이 굽었기 때문이다.

교정법 1
백스윙을 타깃라인과 평행한 방향으로 진행한다.

교정법 2
백스윙톱에서 클럽페이스와 손목의 방향이 약 45도를 향하면 좋다.

PART 02 DIRECTION

백스윙톱에서 샤프트가 타깃라인보다 왼쪽을 향하거나 오른쪽을 향할 경우 그 원인을 찾아 교정하여 올바른 백스윙톱을 만들어야 한다. 먼저 백스윙톱이 너무 왼쪽을 향하는 원인은 백스윙의 시작이 너무 바깥쪽으로 되면서 백스윙톱으로 올라갈수록 클럽이 뒤로 눕게 되고, 왼손등이 손바닥 쪽으로 굽거나 오른손목이 뒤로 너무 젖혀져서 클럽이 뒤로 처지기 때문이다. 이때는 백스윙을 약간 안쪽으로 시작하고 왼손등이 정면을 향하도록 하면서 백스윙톱으로 올라가야 한다.

반면에 백스윙톱에서 샤프트가 너무 오른쪽을 향하는 원인은 백스윙 초기에 클럽을 너무 안쪽으로 들어 올리거나 백스윙톱에서 오른손목이 너무 세워져서 클럽을 앞으로 미는 힘이 발생하여 일어난다. 이때는 클럽을 똑바로 빼는 백스윙을 하고 백스윙톱에서는 오른손목을 뒤로 젖혀서 접시를 받쳐 드는 모양을 만들어 줘야 한다.

문제점 2
백스윙톱에서 클럽이 목표의 오른쪽을 향할 경우

원인 1
백스윙이 너무 안쪽으로 진행되기 때문이다.

원인 2
백스윙톱에서 오른손목이 세워졌기 때문이다.

교정법 1
백스윙을 타깃라인과 평행한 방향으로 진행한다.

교정법 2
백스윙톱에서 오른손목은 접시를 받치는 듯한 동작이어야 한다.

DIRECTION

방향성 백스윙톱에서 왼손목의 모양에 따라 볼의 방향이 결정된다

45도

목표방향
볼의 방향

백스윙톱에서 왼손목이 평평해야 클럽페이스가 스퀘어를 이루면서 스트레이트 구질을 만들 수 있다.

45도

백스윙톱에서의 클럽페이스 모양에 따라 볼이 날아가는 방향이 결정된다. 클럽페이스가 위(하늘)를 향하면 임팩트 때 닫혀서 볼이 왼쪽으로 날아가고, 클럽페이스가 아래(땅)를 향하면 열려서 볼이 오른쪽으로 날아간다. 따라서 볼이 똑바로 날아갈 수 있는 가장 이상적인 모습은 백스윙톱에서 클럽페이스가 약 45도 정도의 기울기로 왼팔과 평행한 상태를 이루는 것이다.

여기서 중요한 것은 백스윙톱에서 클럽페이스의 변화는 왼손목의 모양에 따라 결정된다는 사실이다. 백스윙톱에서 왼손목이 손바닥 쪽으로 굽으면 클럽페이스가 위를 향하게 되므로 닫혀 맞고, 손등 쪽으로 꺾이면 클럽페이스가 아래를 향하게 되므로 열려 맞으며, 손등이 평평해야 스퀘어 포지션이 된다. 따라서 자신의 볼 구질을 파악하고 그에 맞게 백스윙톱에서 손목의 모양을 조절하면 볼을 더 정확하게 칠 수 있다.

왼손목이 손바닥 쪽으로 굽으면 클럽페이스가 닫혀 왼쪽 구질이 만들어진다.

왼손목이 손등 쪽으로 굽으면 클럽페이스가 열려 오른쪽 구질이 만들어진다.

충분한 근력과 유연성으로 엄청난 스윙 스피드를 내는 골퍼가 의외로 비거리가 짧거나 방향성이 상당히 안 좋은 경우가 있다. 왜 그럴까? 골프스윙에는 힘과 스피드만으로 해결할 수 없는 그 무엇이 있기 때문인데, 그것은 바로 타이밍이다. 특히 임팩트 순간에 몸, 팔, 클럽의 타이밍이 적절하게 일치되어야 한다. 즉, 임팩트 때 몸과 팔의 박자가 맞아야 한다.

만일 임팩트 순간에 몸의 회전이 팔의 속도보다 빠르면 볼은 오른쪽으로 가는 푸시 샷이 나고, 반대로 팔이 몸의 회전보다 빨리 진행되면 볼은 왼쪽으로 날아가는 풀 샷이 난다. 그러므로 임팩트 때 몸과 팔이 조화롭게 타이밍을 잘 맞춰 회전되어야 한다.

몸이 팔보다 빠르게 회전하면 볼이 오른쪽으로 나아가는 푸시 구질이 발생한다.

반대로 팔이 몸보다 빠를 경우 볼이 왼쪽으로 나아가는 훅 구질이 발행한다.

DIRECTION

방향성

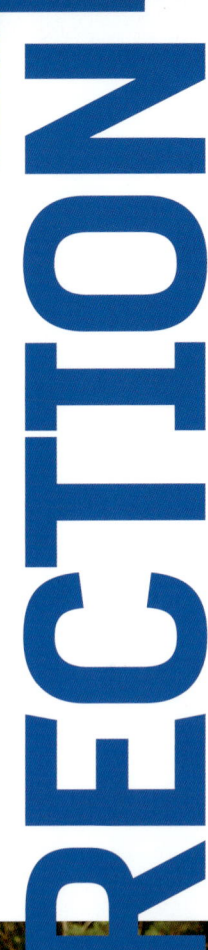

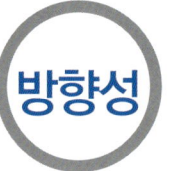

팔로스루는 왼팔 위로 오른팔이 올라가면서 큰 원을 그리는 이미지를 생각한다

볼을 치고 난 이후의 동작, 즉 팔로스루나 피니시는 일부러 만드는 것이 아니다. 이미 이루어진 스윙의 결과에 따라 자동적으로 만들어진다고 이해하면 된다. 따라서 어떠한 팔로스루를 할 것인지에 대한 생각을 하면서 스윙을 하면 이전 단계, 즉 백스윙과 다운스윙이 개선될 수 있다.

이상적인 팔로스루는 클럽이 릴리스 된 후 양손이 허리 높이에 왔을 때 오른팔이 왼팔 위로 포개져서 올라오는 모습이 되어야 한다. 이 모습은 임팩트 존에서 양팔의 회전이 잘 이루어지면서 볼을 쳤다는 증거이기도 하다. 또한 팔로스루에서 양팔을 펴고 허공에 큰 원을 그리듯이 하면 다이내믹한 스윙이 되어 보기에도 좋을 뿐 아니라 굿 샷이 될 확률도 높아진다.

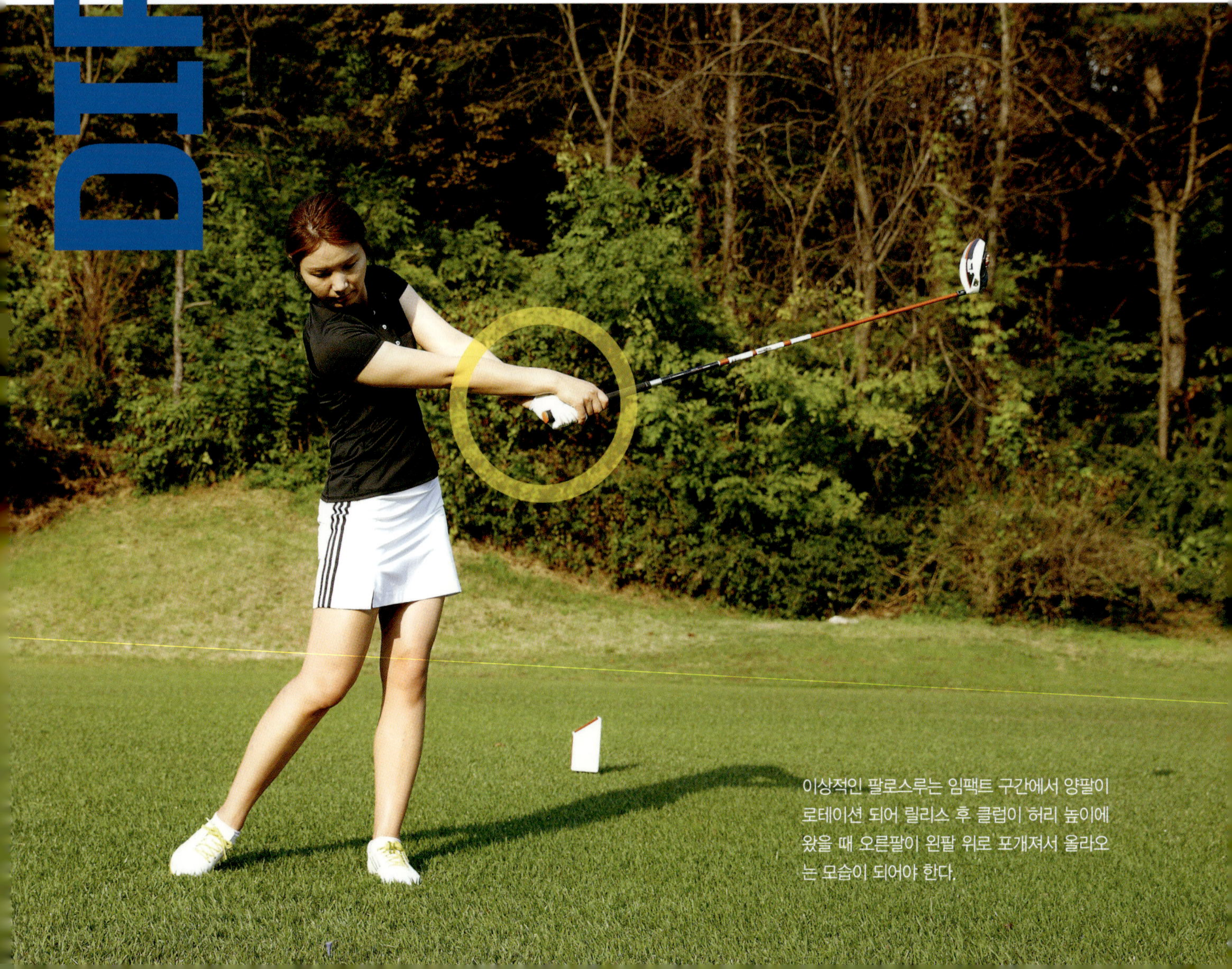

이상적인 팔로스루는 임팩트 구간에서 양팔이 로테이션 되어 릴리스 후 클럽이 허리 높이에 왔을 때 오른팔이 왼팔 위로 포개져서 올라오는 모습이 되어야 한다.

PART 02 **DIRECTION**

양팔의 로테이션이 제대로 이루어지지 않으면 클럽페이스가 열린 채로 임팩트가 이루어지면서 미스 샷을 유발할 수 있다.

팔로스루에서는 양팔을 펴고 큰 원을 그리듯이 클럽을 시원하게 휘두른다.

팔에 너무 힘이 주면서 스윙을 하면 큰 원을 그리지 못하고 왼쪽 팔꿈치가 빠지면서 피니시도 완성되지 않는다.

DRIVING DISTANCE

비거리 늘리는 비법 배우기

DRIVING DISTANCE

그립은 손바닥보다 손가락으로 잡아야 부드럽게 잡을 수 있어 헤드 스피드를 향상시킬 수 있다.

비거리를 늘리려면 그립을 부드럽게 잡는다

처음 들으면 믿기 힘들겠지만 비거리를 늘리기 위해서는 오히려 몸의 힘을 빼야 한다. 상식적으로는 있는 힘을 다해 강하게 스윙하면 볼이 멀리 갈 것 같지만 절대 그렇지 않다. 아무리 힘이 세고 근력이 강하다 할지라도 실제로 클럽헤드 스피드를 높이려면 근육을 유연하게 사용해야 한다. 힘을 뺀 상태에서 클럽을 채찍처럼 휘둘러야 가속력이 빨라진다.

이렇게 힘을 빼고 스윙을 하기 위해서는 일단 그립을 부드럽게 잡아야 한다. 손바닥이 아닌 손가락으로 클럽이 빠져나가지 않을 정도로만 견고하게 잡고 손목, 팔, 어깨의 힘을 최대한 빼서 몸이 전체적으로 부드럽게 움직여야 한다. 이 상태로 스윙을 해야 임팩트 존에서 클럽을 던지거나 뿌릴 수 있어 클럽헤드 스피드를 순간적으로 더 가속시킬 수 있기 때문에 거리도 더 멀리 보낼 수 있다.

PART 03 DRIVING DISTANCE

그립을 쥐고 클럽을 들어 올렸을 때 클럽의 무게가 느껴질 정도로 부드럽게 쥐고, 클럽을 좌우로 흔들어보았을 때 헤드의 원심력이 양손에 전달되는 느낌이 들도록 힘을 조절한다.

양손의 엄지와 검지를 떼고도 스윙을 할 수 있도록 나머지 손가락으로 그립을 견고하게 잡는다.

그립을 너무 세게 쥐면 양팔과 어깨가 너무 경직되어 부드러운 스윙이 되지 않아 헤드 스피드가 떨어진다.

비거리를 내기 위해서는 클럽을 마치 채찍을 휘두르는 듯한 느낌으로 스윙해야 한다.

그립, 팔, 어깨에 힘이 들어가면 스윙 자체가 경직되기 때문에 클럽을 마치 딱딱한 나무를 휘두르는 듯한 스윙이 된다.

DRIVING DISTANCE

비거리
파워를 극대화하려면 몸을 좌우로 크게 움직이지 않는다

헤드 스피드를 최대한 높이기 위해서는 스탠스 안에서 회전이 일어나는 스윙을 해야 한다.

PART 03 DRIVING DISTANCE

골프스윙에 관한 흔한 오해 중의 하나는 '몸을 좌우로 많이 움직이면서 체중이동을 해야 볼을 더 멀리 보낼 수 있다.'라는 점이다. 하지만 실제로는 이와 반대이다. 몸의 파워를 효과적으로 사용하기 위해서는 몸을 좌우로 많이 움직이지 말고, 스윙 축을 중심으로 간결하게 회전하면서 몸의 회전력에 따라 팔의 속도가 최대로 날 수 있도록 해야 한다.

따라서 몸통 회전을 간결하게 해도 체중이동은 충분히 일어나므로 체중이동을 의도적으로 하기 위해 몸을 좌우로 많이 움직일 필요가 없다. 드라이버 샷을 하는 동안 상체의 좌우 움직임은 양발의 너비, 즉 스탠스 안에서 이루어지는 것이 가장 좋다.

✗ 스탠스를 벗어나 몸이 좌우로 많이 움직이면 스윙에 필요한 파워를 축적하지 못한다.

DRIVING DISTANCE

강력한 다운스윙의 시작은 왼발을 강하게 딛으면서 엉덩이를 왼쪽으로 이동하는 것이다

대부분의 골퍼들이 볼을 멀리 치려고 할 때 다운스윙 동작에서 상체를 무리하게 움직이는 것을 자주 볼 수 있다. 하지만 백스윙은 상체가, 다운스윙은 하체가 리드한다는 것을 명심해야 한다. 다운스윙을 시작할 때 급격한 상체의 움직임, 즉 오른쪽 어깨나 팔이 하체보다 먼저 움직이면 스윙궤도가 '아웃-투-인'이 되어 볼이 깎여 맞거나 코킹이 풀어져서 헤드 스피드가 줄어든다.

따라서 비거리를 멀리 내기 위해서는 다운스윙 때 왼발로 지면을 강하게 딛으면서 엉덩이를 왼쪽으로 이동하는 동작으로 시작하는 것이 좋다. 이 첫 동작이 잘 이루어져야 다음 동작도 순차적으로 잘 이루어져 임팩트 때 클럽헤드가 가장 빠른 속도로 지나갈 수 있다.

백스윙톱에서 왼발에 체중을 실으면서 허리를 왼쪽으로 평행하게 이동시키며 클럽이 내려오도록 한다.

다운스윙 때 하체를 사용하지 못하고 오른쪽 어깨와 팔로만 스윙을 하면 '아웃-투-인' 궤도가 이루어져 미스 샷이 발생한다.

다운스윙 때 손목코킹이 빨리 풀리면 임팩트 때 파워를 충분히 내기 힘들어 비거리는 줄어든다.

PART 03 **DRIVING DISTANCE**

올바른 다운스윙 순서
①왼발 ▶ ②허리 ▶ ③어깨 ▶ ④팔 ▶ ⑤손 ▶ ⑥클럽

다운스윙 때는 왼팔과 샤프트의 각도가 일찍 풀리지 않아야 한다

비거리

장타자들은 다운스윙 때 코킹을 최대한 오래 유지시키는 특징이 있다. 즉, 왼팔과 클럽샤프트가 이루는 각을 예각(〈90도)으로 유지하면서 내려오면 임팩트 때 강한 파워와 스피드로 볼을 멀리 보낼 수 있다. 따라서 장타를 치기 위해서는 다운스윙 때 코킹이 풀리지 않고 오래 유지되면서 내려오는 것이 필수적이다.

이 동작을 의도적으로 실행하기는 어려우나 반복적인 연습을 하면 자연스럽게 가능해진다. 백스윙톱에서 손목과 팔의 힘을 빼고 동시에 하체가 리드하는 다운스윙을 시작해보자. 그러면 왼팔과 샤프트가 이루는 각도가 예각을 이루면서 마치 채찍을 휘두르는 느낌이 들 것이다.

오른쪽 어깨는 앞으로 나아가지 않고 제자리에서 떨어지게 해야 한다.

〈90도 이하

다운스윙 때 예각이 형성되면 임팩트 때 헤드 스피드가 빨라져 더 멀리 칠 수 있다.

다운스윙은 상체가 아닌 하체 리드로 이루어져야 손목코킹이 오래 유지된다.

PART 03 DRIVING DISTANCE

집에 있는 수건을 이용하여 연습하면 채찍을 휘두르는 듯한 느낌을 알 수 있다.

✕

손목코킹이 일찍 풀리면 둔각(>90도)이 형성되면서 헤드 스피드가 떨어지고 뒤땅이 발생한다.

90도 이상

파워를 최대한으로 발휘하는 임팩트 자세를 만든다

비거리

세계적인 장타자들의 드라이버 임팩트 순간 모습을 보면 역동적이면서도 안정감 있는 자세가 이루어지는 것을 볼 수 있다. 그 모습에는 공통점이 있는데, 임팩트 순간 백스윙에서 축적된 모든 힘이 왼쪽으로 이동되는 것을 막기 위해 왼발로 튼튼한 벽을 이루고 있다는 점이다.

다운스윙 때 몸과 엉덩이의 역동적인 회전에 의해 오른쪽 무릎이 왼발 쪽으로 치우치게 되고, 오른발 뒤꿈치는 지면에서 약간 떨어진 상태가 된다. 그리고 다운스윙 동안 잘 유지됐던 코킹이 늦게 풀리면서 임팩트 순간에는 손이 볼보다 약간 앞서 있는 모양이 된다. 이때 다운스윙의 관성에 의해 왼팔은 곧게 펴지고 오른쪽 팔꿈치는 오른쪽 주머니를 향하게 되며, 왼손목은 평평하고 어깨는 타깃라인에 평행한 상태를 이룬다. 이러한 임팩트 자세가 파워를 최대한 발휘할 수 있는 자세이다.

- 어깨는 타깃라인에 평행하다.
- 임팩트 순간 왼팔은 곧게 펴진다.
- 오른쪽 팔꿈치는 오른쪽 주머니를 향한다.
- 왼손목은 평평하다.
- 손은 볼보다 약간 앞선 위치에 있다.
- 오른발 뒤꿈치는 바닥에서 살짝 떨어진다.
- 왼발로 튼튼한 벽을 만들어 지탱한다.

임팩트 때 엉덩이가 돌지 않고 오른발이 지면에 닿아 있는 상태가 되면 강력한 샷을 할 수 없다.

임팩트 때 왼발이 밀리게 되면 임팩트 타점에 유격이 생겨 강한 임팩트가 되지 않는다.

PART 03 DRIVING DISTANCE

 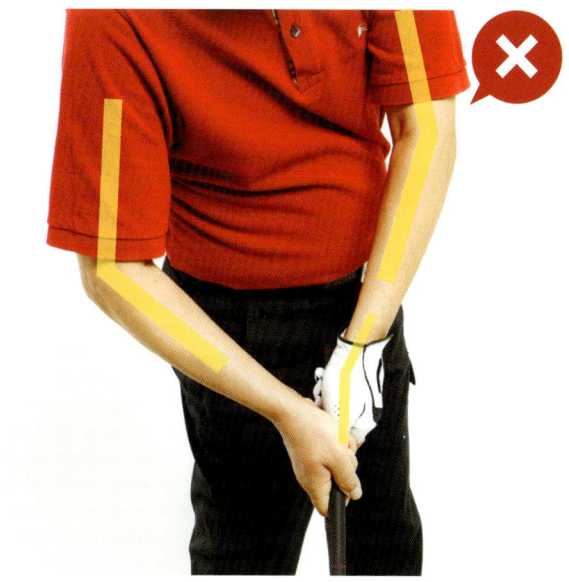

파워풀한 임팩트 자세는 임팩트 순간 왼팔이 펴진 상태이며, 오른쪽 팔꿈치는 오른쪽 주머니를 향하게 되고 왼쪽 손목은 평평한 상태를 이룬다.

임팩트 때 양팔이 굽거나 왼손목이 꺾이면 파워를 잃게 된다.

  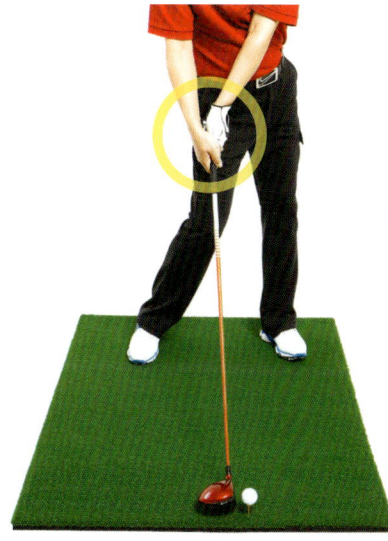 

강한 임팩트를 하기 위해서는 손이 클럽헤드보다 앞서야 한다.

임팩트 때 손이 클럽헤드보다 뒤에 있게 되면 힘없는 샷이 유발된다.

  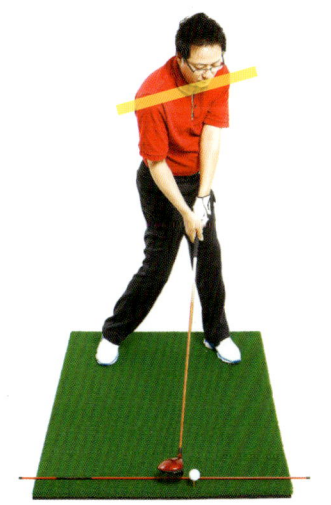 

임팩트 순간 어깨는 타깃라인과 평행해야 한다.

임팩트 순간 어깨가 열리면 볼을 덮어 치거나 깎아 칠 확률이 높아진다.

DRIVING DISTANCE

임팩트까지는 y자, 이후 1미터까지는 Y자, 팔로스루는 역 y자를 이룬다

백스윙에서는 왼팔을, 임팩트 구간에서는 양팔을, 팔로스루에서는 오른팔을 곧게 펴주면 큰 스윙 아크를 만들 수 있다.

팔이 구부러지면 스윙 아크는 작아져 장타를 치기 힘들다.

임팩트 때 머리의 위치를 볼 뒤쪽에 고정하면 어퍼 블로우 궤도로 임팩트를 하게 된다.
*스윙 아크 = A + B

장타를 치기 위한 또 한 가지 중요한 요인은 스윙 반경, 즉 스윙 아크이다. 골프스윙에서 스윙 아크는 왼팔과 클럽의 길이로 결정되는데, 그중 샤프트의 길이는 변하지 않지만 양팔의 길이 및 모양은 각 구간에서 변하게 된다. 양팔이 임팩트까지는 y자 모양이 되어야 하고, 임팩트 후 약 1m 까지는 Y자 모양, 그리고 팔로스루에서는 역y자 모양을 이루면 스윙 아크는 최대로 커진다. 만일 찌그러진 y자 모양이 만들어진다면 손과 팔에 힘이 많이 들어가서 팔을 충분히 펴주지 못하고 스윙을 하고 있다는 증거이며 이럴 경우 스윙 아크가 작아져서 비거리도 줄어들게 된다.

다운스윙 구간에서는 'y'자 모양이다.

임팩트 구간에서는 'Y'자 모양이다.

팔로스루 구간에서는 '역y'자 모양이다.

❌ 임팩트 구간에서 양팔이 구부러지면 역동적인 스윙이 이루어지지 않는다.

DRIVING DISTANCE

비거리 상위 1% 장타자는
오른발을 스프링처럼 이용한다

클럽에 최대의 파워를 실어 볼을 치기 위해서는 백스윙 때 상·하체의 꼬임을 충분히 하며 체중이 이동되어야 한다.

장타를 치기 위해서는 상하체를 꽈배기처럼 잘 꼬면서 힘을 모아야 하고, 적절한 체중이동과 지연타격 등을 이용해서 헤드 스피드를 높여야 한다. 하지만 장타라는 것이 이렇게 신체 내부에서 얻는 힘과 기술만으로는 충분치 않다. 이 외에 외부로부터 얻어지는 힘을 이용해서 순간적인 파워를 더 이끌어내야 하는데, 그 비밀은 오른발에 있다.

다운스윙 때 오른발로 지면을 스프링같이 차면서 스윙을 하면 체중이 순간적으로 왼쪽으로 이동하면서 스윙을 이끌 수 있는 강력한 힘이 생긴다. 이 동작에 따라 엉덩이를 재빨리 왼쪽으로 이동하면서 상체, 즉 허리와 어깨와 팔이 순차적으로 따라 돌게 된다. 이렇게 오른발로 지면을 강하게 누르면서 발생하는 힘은 근육이 만들어내는 힘보다 더 강하다. 따라서 이 힘을 적절히 이용하면 타의 추종을 불허하는 장타를 칠 수 있다.

다운스윙 때 오른발을 스프링처럼 차면서 엉덩이를 회전시키면 장타를 칠 수 있다.

클럽헤드 스피드를 최대로 높이기 위해서는 하체를 재빨리 이동시켜 상체가 뒤따라 오도록 해야 한다.

DRIVING DISTANCE

비거리 피니시에서는 벨트의 버클이 목표방향을 향하도록 한다

피니시는 일부러 만드는 동작이 아니라 스윙의 결과에 따라 자동적으로 만들어진다고 말했다. 따라서 피니시 때 균형을 잃는 등 제대로 완성되지 않으면 스윙 자체가 이미 전 단계에서부터 잘못 이루어진 것이라 할 수 있다. 그러므로 스윙의 첫 단계부터 좋은 모습의 피니시를 연상하면서 시작해야 한다.

피니시 때는 왼발바닥 바깥쪽으로 체중을 지탱하며 서고, 오른발은 발가락 부분만 지면에 닿게 해서 전체적으로 균형을 잡아야 한다. 안정된 하체를 토대로 상체는 가슴을 펴고 벨트의 버클이 타깃방향을 향하도록 서고, 시선은 전방 15도 정도 위쪽을 바라본다. 또한 샤프트가 등에 닿을 정도로 어깨를 충분히 회전시키고, 이때 왼쪽 팔꿈치가 위로 들리지 않도록 주의한다.

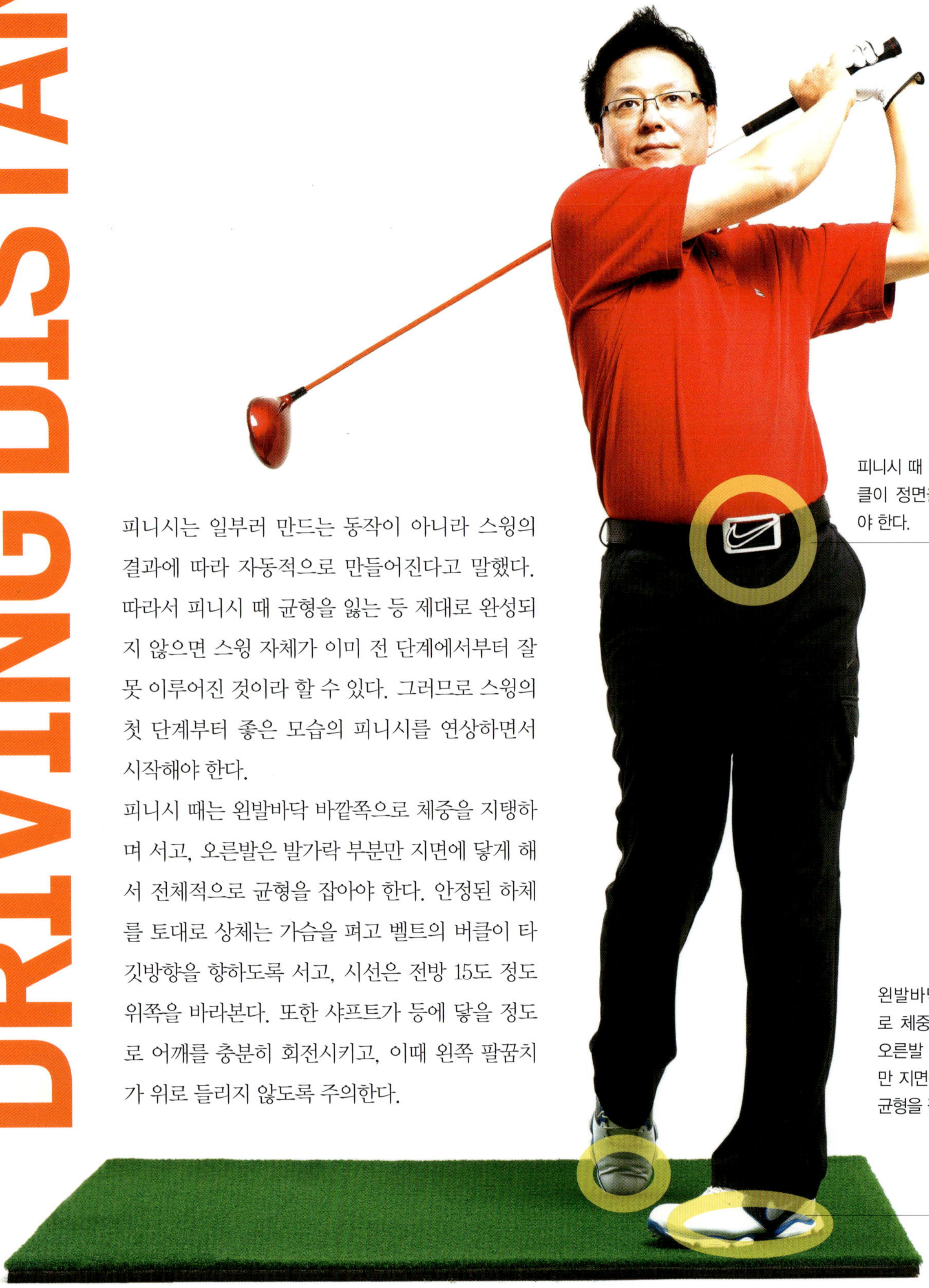

피니시 때 벨트 버클이 정면을 향해야 한다.

왼발바닥 바깥쪽으로 체중을 지탱하고 오른발 발가락 부분만 지면에 닿게 하여 균형을 잡는다.

PART 03 **DRIVING DISTANCE**

시선은 전방 15도 정도 위쪽을 본다.

체중의 대부분이 왼발에 실린 I자 자세가 이상적이다.

DRIVING DISTANCE

비거리 — 헤드 스피드를 효과적으로 높이는 간단한 연습을 따라한다

헤드 스피드를 높이기 위해 클럽을 거꾸로 잡고 빈 스윙을 하면서 클럽이 바람을 가르는 소리가 나도록 하는 연습을 스위시 드릴(Swish Drill)이라고 한다. 이 방법은 클럽을 어떻게 스윙해야 빠른 헤드 스피드를 낼 수 있는지 알 수 있는 최고의 연습 방법이다.

연습을 할 때 팔과 손목의 힘을 빼고 헤드 무게를 느끼면서 스윙을 해야 가장 날카로운 소리를 들을 수 있다. 그리고 허공을 가르는 소리가 다운스윙 때가 아닌 임팩트 존과 그 후에 더 크게 나야 효과가 있다. 오른손과 왼손을 번갈아가며 10회 이상 연습하는 것이 좋고 시간이 날 때마다 수시로 하면 헤드 스피드를 높여 비거리를 늘리는 데 큰 효과를 볼 수 있다.

클럽헤드 스피드를 높이는 연습방법으로는 클럽을 거꾸로 잡고 스윙하는 스위시 드릴이 효과적이다.

PART 03 DRIVING DISTANCE

스위시 드릴을 효과적으로 하기 위해서는 클럽이 바람을 가르는 소리가 임팩트 후에 더 크게 나야 한다.

휙~

오른손과 왼손을 번갈아 가면서 10회 이상 수시로 연습하는 것이 좋다.

DRIVING DISTANCE

비거리 — 시간이 없을 때 몸을 효과적으로 푸는 방법

백스윙톱 자세를 만든 후 10초 동안 버티면서 스트레칭을 한다.

골프장에서는 준비를 마치고 티업시간까지 최소한 15분 정도의 여유가 있어야 한다. 이 정도 시간 여유가 있어야 스트레칭을 하고 스윙연습도 하면서 첫 티샷을 무리 없이 할 수 있도록 준비할 수 있다. 그런데 만일 시간이 촉박한 경우 간단하게 효과적으로 몸을 푸는 방법을 소개하겠다.

먼저 백스윙을 충분히 하여 백스윙톱에 이른 후 그 상태로 멈춰서 10초 동안 버틴다. 그 다음 피니시 자세로 바꾼 후 10초 동안 그대로 유지한다. 이렇게 하면 스윙을 할 때 쓰이는 거의 모든 근육이 스트레칭 되는 효과가 있다. 이렇게 몸을 풀고 나서 드라이버로 빈 스윙을 세 번 정도 하면 근육이 스윙 스피드에 적응할 것이다. 그 후 잠시 안정을 취한 후 첫 번째 홀 티 샷을 하면 근육에 큰 부담 없이 굿 샷을 날릴 수 있다.

피니시 자세에서도 10초 동안 버티며 스트레칭을 한다.

골프 용어

그레인(Grain)	그린 위에서 자라는 잔디의 방향 또는 그 결
그루브(Groove)	클럽페이스에 있는 홈
그린(Green)	깃대와 홀컵이 있는 곳으로 잔디를 짧게 깎고 잘 다듬어 놓은 퍼팅을 하는 지역
그립(Grip)	골퍼가 손을 얹는 클럽 부분
다운 블로우(Down Blow)	클럽페이스가 볼을 먼저 치고 그 다음 지면에 맞도록 스윙하는 타법. 어퍼 블로우(Upper Blow)의 반대
다운스윙(Down Swing)	백스윙 직후 볼을 치기 위해 클럽을 내리는 스윙 동작
더프(Duff)	클럽헤드가 공을 치기 전에 땅을 먼저 침으로써 부분적으로 공을 맞히고 공이 나아가는 거리를 감소시키는 타. 일명 뒤땅
덕훅(Duck Hook)	볼이 급격하게 왼쪽으로 구부러지는 심한 훅
도그랙(Dogleg)	마치 개의 다리처럼 오른쪽이나 왼쪽으로 굽은 홀
드라이버(Driver)	비거리가 가장 많이 나는 클럽으로 1번 우드를 말함
드라이빙 레인지(Driving Range)	드라이브를 칠 수 있는 200야드가 넘는 실외연습장
드로우(Draw)	볼이 날아갈 때 오른쪽에서 왼쪽으로 약간 휘는 샷. 페이드(Fade)의 반대
드롭(Drop)	경기 중 공을 잃어버렸거나 공이 경기를 진행하기 불가능한 지점에 놓인 경우 규정에 따라 볼을 옮겨 놓거나 새로운 볼을 다시 놓는 것으로, 플레이어가 똑바로 서서 팔을 어깨 높이로 뻗은 후 공을 수직으로 떨어뜨리는 동작
디보트(Divot)	샷을 한 뒤 클럽헤드에 의해 파여서 옮겨진 잔디 조각 또는 잔디가 빠지고 파인 구멍
딤플(Dimple)	공중에 오래 뜨도록 디자인된 골프공 표면의 둥근 홈
라이(Lie)	볼이 멈춘 지면의 상태 또는 클럽헤드와 샤프트가 이루는 각도
로브 샷(Lob Shot)	거의 앞으로 굴러가지 않고 살짝 착륙하는 짧고 높은 궤도를 그리는 샷
로프트(Loft)	클럽페이스의 각도 또는 경사
롱 아이언(Long Irons)	1~3번 아이언을 말함
런(Run)	볼이 지면에 떨어진 후 굴러가는 거리
레이드 오프(Laid Off)	클럽이 백스윙톱에서 목표의 왼쪽을 가리키는 것
레이트 히트(Late Hit)	다운스윙을 할 때 클럽헤드가 내려오는 동작을 늦추어 순발력을 증가시켜 파워를 최상으로 끌어내는 타법
리버스 오버래핑 그립(Reverse Overlapping Grip)	퍼팅 때 사용되는 그립 스타일로, 오른손 손가락 모두 클럽 위에 놓고 왼손 검지가 오른손 손가락들을 가로질러서 포개는 그립 방법
릴리스(Release)	다운스윙 및 임팩트 이후 헤드 스피드를 계속 가속시키는 동작

PART 03 DRIVING DISTANCE

미들 아이언(Middle Irons)	4~6번 아이언을 말함
백 티(Back Tee)	티잉 그라운드에서 가장 뒤쪽에 있는 티. 챔피언 티라고도 함
백스윙(Backswing)	클럽을 볼 뒤쪽으로 들어 올리는 스윙의 과정
백스핀(Backspin)	클럽페이스의 경사, 어프로치 각도, 클럽헤드의 속도 등에 의해 볼이 영향을 받아 볼이 날아가는 방향의 반대 방향으로 돌아가는 볼의 회전
버디(Birdie)	1홀에서 기준 타수(파)보다 한 타 적게 홀 아웃하는 것
범프 앤드 런(Bump and Run)	볼을 일부러 낮게 쳐서 지면을 맞고 튀게 하면서 속도를 늦춰 그린 근처로 굴러가게 하는 샷
벙커(Bunker)	코스에서 장애물이 되는 모래 구멍이나 풀 구멍
베이스볼 그립(Baseball Grip)	열손가락으로 야구 배트를 잡는 형태로 쥐는 그립 방법
보기 플레이어(Bogey Player)	매 홀을 보기로 마칠 경우 나오는 스코어로 경기 당 90타 전후를 기록하는 골퍼를 일컫는 말
보기(Bogey)	파보다 한 타를 더 친 타수로 홀 아웃하는 것
브레이크(Break)	경사나 잔디의 결 또는 바람 때문에 공이 땅 위에서 나아가는 곡선
블레이드 샷(Bladed Shot)	공의 중심 혹은 그 위를 클럽페이스의 리딩에지로 쳐서 낮은 라인드라이브 곡선을 그리는 샷
블레이드(Blade)	아이언의 칼날 모양으로 된 부분
생크(Shank)	클럽의 목(넥) 부분으로 볼을 치는 미스 샷
세미러프(Semirough)	러프 지역에 있는 잔디이지만 너무 길지도 또 너무 짧지도 않은 잔디
셋업(Setup)	볼을 치기 위해 자세를 잡는 어드레스 동작
솔(Sole)	클럽헤드의 바닥 부분
숏 아이언(Short Iron)	7~9번의 아이언을 말함
숏게임(Short Game)	그린 근처에서 가장 적은 타로 볼을 홀에 넣을 수 있도록 모든 종류의 샷을 포함한 플레이. 벙커 샷, 퍼팅, 칩 샷, 피치 샷 등
스리쿼터스윙(Three-Quarter Swing)	클럽 거리의 75% 정도만 보낼 의도로 정상 이하의 길이의 백스윙이나 노력으로 친 샷
스웨이(Sway)	백스윙이나 다운스윙 때 지나치게 옆으로 움직이는 몸동작
스위트 스폿(Sweet Spot)	클럽페이스의 정중앙
스윙 아크(Swing Arc)	클럽헤드가 그리는 궤도
스윙 플레인(Swing Plane)	스윙 때 클럽의 진로와 각도를 나타내기 위해 사용되는 가상의 평평하고 얇은 표면
스카이 샷(Sky Shot)	클럽페이스의 윗부분으로 볼의 밑부분을 쳐서 볼이 높게 떠오를 뿐 비거리는 짧은 샷
스퀘어(Square)	①타깃라인에서 올바른 각도로 위치했을 때의 클럽페이스, ②발뒤꿈치를 따라서 그려지는 선이 타깃라인과 평행한 발의 자세, ③타깃을 겨냥할 때 타깃라인과 평행한 어깨, 엉덩이, 무릎, ④볼을 쳤을 때 볼의 중앙에 클럽페이스가 정확하게 맞는 것 등을 말함
스탠스(Stance)	볼을 치려고 할 때의 발의 자세

스트롱 그립(Strong Grip)	그립을 시계방향으로 회전시켜 잡는 그립 방법
스폿(Spot)	볼의 뒷면에 동전이나 작은 물체를 놓음으로써 볼을 치기 전에 그린 위에서 볼의 위치를 표시하는 것
스푼(Spoon)	현재의 3번 우드를 말하며, 경사진 페어웨이우드의 초기 이름
슬라이스(Slice)	볼이 왼쪽에서 오른쪽으로 현저하게 꺾어지는 샷
아웃 오브 바운드(Out of Bound)	경기를 정상적으로 진행할 수 없는 구역. 주로 OB라고 함
아웃사이드 인(Outside In)	임팩트 때 클럽헤드가 타깃라인의 바깥쪽에서 안쪽으로 덮여 들어가는 것
아이언(Iron)	클럽헤드가 금속으로 만들어진 클럽
아크(Arc)	스윙 궤도를 말함
야디지(Yardage)	야드 단위로 나타낸 각 홀의 길이나 코스 전체의 길이
어드레스(Address)	골퍼가 샷을 하기 위해 몸과 클럽의 자세를 준비하는 과정
어퍼 블로우(Upper Blow)	클럽페이스가 스윙의 최저점을 지난 후 올라가는 순간 볼에 맞도록 스윙하는 타법. 다운 블로우(Down Blow)의 반대
어프로치 샷(Approach Shot)	그린 주변에서 퍼팅 그린을 향해서 또는 그린 위로 올리는 스트록. 또는 페어웨이에서 그린에 가깝게 볼을 보내기 위해 친 샷
언더 파(Under Par)	규정 타수보다 적은 스코어
언코킹(Uncocking)	코킹된 손목을 임팩트 이후 풀어주는 것
얼라인먼트(Alignment)	타깃을 향해 몸을 정렬시키고 클럽페이스의 배치하는 것. 에이밍(Aiming)의 일부분
업 앤드 다운(Up and Down)	그린의 굴곡이 심한 것을 일컫는 말
업라이트 스윙(Upright Swing)	스윙 궤도가 지면과 수직에 가까운 스윙
에어 샷(Air Shot)	공을 맞추기 못하고 허공을 가르는 샷. 일명 헛스윙
에이프런(Apron)	그린의 가장자리
에임라인(Aim Line)	볼에서 타깃까지의 눈에 보이지 않는 라인을 말함. 타깃라인과 동일
에지(Edge)	홀, 그린, 벙커 등의 가장자리
오버 스윙(Over Swing)	백스윙 톱에서 클럽이 지나치게 지면을 향하는 스윙 동작
오버래핑 그립(Overlapping Grip)	클럽을 쥐는 방법 중 오른손 새끼손가락을 왼손 집게손가락 위에 올려 잡는 것으로, 영국의 프로골퍼 해리 바든이 유행시킨 방법이라 하여 바든 그립이라고도 함
오픈 스탠스(Open Stance)	오른손잡이의 경우 왼발을 뒤로 약간 당겨 공이 날아가는 쪽으로 몸을 오픈시킨 자세
오픈 페이스(Open Face)	클럽페이스가 볼에 대하여 90°를 넘어 약간 열린 상태
올 스퀘어(All Square)	모든 플레이어의 승부가 무승부일 때를 일컫는 말
왜글(Waggle)	스윙을 하기 전 정신을 집중시키고 근육을 풀어주기 위해 클럽을 가볍게 좌우나 앞뒤로 흔들어주는 동작
우드(Wood)	클럽헤드가 나무로 만들어진 클럽
워터 해저드(Water Hazard)	코스 안에 걸쳐 있는 바다, 호수, 연못, 하천, 도랑 등의 장애물
원 온(One One)	한 타로 볼을 그린에 올리는 것

PART 03 DRIVING DISTANCE

웨지(Wedge)	클럽페이스가 넓고 솔이 평탄하며 로프트가 큰 아이언 클럽으로 피칭웨지와 샌드웨지가 있음
위크 그립(Weak Grip)	그립을 시계반대방향으로 잡는 방법
이글(Eagle)	1홀의 기준 타수(파)보다 2타수 적은 스코어로 홀 아웃하는 것
이븐(Even)	규정 타수와 플레이어가 친 타수가 일치하는 것 또는 상대방과 타수가 똑같은 것
익스플로전 샷(Explosion Shot)	벙커에서 클럽에 의해 많은 양의 모래가 파여지며 그 폭발력으로 탈출하는 벙커 샷
인사이드 아웃(Inside Out)	임팩트 때 클럽헤드가 타깃라인의 안쪽에서 바깥쪽으로 열려 들어가는 것
인터로킹 그립(Interlocking Grip)	오른손 새끼손가락과 왼손 집게손가락을 서로 교차해서 쥐는 것. 손가락이 짧거나 힘이 약한 사람이 이 방법을 취하면 두 손의 죄는 힘이 강해져 스윙을 하는 동한 손이 느슨해지지 않는 효과가 있음. 타이거우즈 그립으로 유명함
임팩트(Impact)	클럽헤드로 볼을 치는 순간
입스(Yips)	퍼팅을 할 때 실패에 대한 두려움으로 호흡이 빨라지고 손에 가벼운 경련이 일어나는 몹시 불안해하는 증세
초크(Choke)	골퍼가 정상적인 능력대로 제대로 경기를 할 수 없을 만큼 심각한 신경과민반응을 일으키는 심리 상태
치킨윙(Chicken Wing)	일명 닭날개. 백스윙 때 오른쪽 팔꿈치가 지면에 거의 수평이 될 정도로 들리는 동작. 슬라이스의 원인
칩 샷(Chip Shot)	어프로치 샷의 일종으로 짧고 낮은 궤도를 그리는 샷
칩 앤드 런(Chip and Run)	그린의 가장자리나 러프에서 그린 주위로 친 낮은 궤도를 그리는 샷. 공이 캐리보다 훨씬 더 많이 굴러감
캐리(Carry)	공중에서 볼이 날아가는 거리
캐스팅(Casting)	다운스윙 때 손목코킹이 너무 일찍 풀려 임팩트가 되는 현상
컨트리클럽(Country Club)	골프 코스를 지칭하는 말
컵(Cup)	그린 위에 있는 홀
컷 샷(Cut Shot)	클럽헤드가 타깃라인의 왼쪽으로 나아가는 동안 클럽페이스가 약간 열린 상태로 공이 맞는 샷. 이것은 볼에 시계방향 회전을 일으키며, 그린에서 멈추는 작용을 위한 여분의 백스핀도 일으킴
코스 레코드(Course Record)	한 코스에서 공식적으로 인정된 최저 스코어 기록
코일(Coil)	상제가 하체보다 더 많이 돌아가게 되어서 잡아당기는 느낌이 들도록 하는 백스윙 동안의 몸의 꼬임
코킹(Cocking)	비거리를 내기 위해 백스윙을 할 때 왼손목을 꺾어주는 동작
크로스 오버(Cross Over)	클럽이 백스윙톱에서 목표의 오른쪽을 가리키는 것
크로스 핸드 그립(Cross Hand Grip)	그립에서 왼손을 오른손 밑에 놓는 방법. 퍼팅에서 활용되는 그립 스타일
클럽페이스(Clubface)	클럽헤드에서 실제로 볼을 치는 타구면
클럽헤드(Clubhead)	클럽의 머리 부분으로 클럽의 타구면과 바닥면을 포함한 부분
클로즈드 그립(Closed Grip)	일명 스트롱 그립. 그립을 쥐었을 때 시계방향으로 과하게 회전시켜 잡는 그립 방법
클로즈드 스탠스(Closed Stance)	타깃 라인과 평형을 이루는 선으로부터 오른발을 뒤로 빼는 자세

클로즈드 클럽페이스(Closed Clubface)	어드레스 및 임팩트 때 클럽의 토우(앞쪽 끝)가 힐(뒤쪽 끝)을 이끌면서 클럽페이스가 타깃라인의 왼쪽을 향해 닫혀서 진행하는 것
타깃라인(Target Line)	볼의 뒤에서부터 볼을 통과하여 목표지점을 향해 그려진 가상의 직선
테이크백(Take Back)	백스윙을 하기 위해 클럽을 뒤로 빼는 동작
테이크어웨이(Take Away)	백스윙을 하기 위해 클럽헤드를 뒤쪽으로 천천히 움직이는 동작
텐 핑거 그립(Ten Finger Grip)	손가락 전부와 엄지손가락들을 클럽 위에 놓은 상태로, 양손이 서로 접해있지만 겹치거나 깍지를 끼지 않은 상태로 손을 클럽 위에 놓는 그립 방법. 베이스볼 그립과 동일
토우 샷(Toed Shot)	클럽의 앞쪽 끝에 가까운 중심으로 치는 모든 샷
토우(Tow)	클럽헤드의 끝부분
트러블 샷(Trouble Shot)	숲 속이나 러프 등 샷을 하기 어려운 위치에 공이 있을 때, 타구가 날아가는 방향에 장애물이 있을 때 등 곤란한 상황에서 하는 샷
티 샷(Tee Shot)	티잉 그라운드에서 공을 치는 것. 각 홀의 제1구에 해당
티 업(Tee Up)	각 홀의 제1타를 치기 위해 티에 공을 올려놓는 것
티 오프(Tee Off)	티에서 제1타를 치는 것
티(Tee)	각 홀의 제1타를 치는 장소 또는 제1타를 칠 때 얹어놓는 장치
티잉 그라운드(Tee Ground)	각 홀의 공을 처음 치는 구역
파(Par)	티잉 그라운드를 출발하여 홀을 마치기까지 정해진 기준 타수
팔로스루(Follow Through)	공을 친 다음 나머지 부분의 스윙 동작
팻 샷(Fat Shot)	클럽헤드가 공을 치기 전에 땅을 치는 샷
퍼팅라인(Putting Line)	그린 위의 볼과 홀인을 위해 예상되는 홀 컵 사이의 선
펀치 샷(Punch Shot)	클럽의 그립 끝이 클럽헤드보다 훨씬 더 앞으로 나와 있는 상태로 쳐서 클럽의 로프트가 감소된 상태로 친 낮은 궤도의 샷
페어웨이(Fairway)	티와 그린 사이의 잔디가 잘 깎인 지역
페이드(Fade)	볼이 왼쪽에서 오른쪽으로 약간 휘면서 날아가는 샷. 드로우(Draw)의 반대
푸시 샷(Pushed Shot)	비교적 똑바로 진행하지만 타깃의 오른쪽으로 향하는 샷
푸시 슬라이스(Pushed Slice)	목표지점의 오른쪽으로 가기 시작하여 그보다 더 오른쪽으로 구부러지는 샷
푸시 훅(Pushed Hook)	목표지점의 오른쪽으로 시작하여 다시 왼쪽으로 구부러지는 샷
풀 샷(Pulled Shot)	비교적 똑바로 진행하지만 타깃의 왼쪽으로 향하는 샷
풀 슬라이스(Pulled Slice)	목표지점의 왼쪽으로 가다가 다시 오른쪽으로 구부러지는 샷
풀 훅(Pulled Hook)	목표지점의 왼쪽으로 시작하여 그것보다 더 왼쪽으로 구부러지는 샷
프라이드 에그(Fried Egg)	벙커에 빠진 공이 모래 속에 들어가 달걀프라이 같은 상태가 된 것
프론트 티(Front Tee)	티잉 그라운드에서 홀과 가장 가까운 거리에 있는 티
프리 샷 루틴(Pre-Shot Routine)	골퍼가 클럽을 선택하고 나서 스윙을 시작하기 전에 끝마치는 일련의 과정
프린지(Fringe)	그린 주변을 일컫는 말

플랫 스윙(Flat Swing)	수평면에 가까운 스윙, 업라이트 스윙의 반대
플레인(Plane)	스윙궤도가 그려지는 공간
플롭 샷(Flop Shot)	갑작스러운 백스윙으로 올라갔다가 천천히 가파르게 내려오면서 클럽헤드가 볼 밑으로 미끄러지는 느슨한 손목으로 치는 피치 샷
피니시(Finish)	스윙의 마지막 자세
피봇(Pivot)	고정된 축 주위의 몸 또는 몸의 부분의 움직임. 보통 백스윙톱 때의 척추 둘레로 움직이는 몸의 회전을 표현할 때 사용
피치 앤드 런(Pitch and Run)	공을 낮게 띄워서 착지한 후 평소보다 더 많이 굴러가도록 치는 어프로치 샷
핀(Pin)	홀에 꽂힌 깃대
핀치 샷(Pinch Shot)	그린 주위에서 공을 날카롭게 내려쳐 백스핀을 많이 주어 착지 후 런이 거의 없도록 치는 샷
하프 스윙(Half Swing)	클럽의 정상적인 거리의 50% 정도만 나가도록 하는 샷
핸드 퍼스트(Hand First)	그립을 쥔 양손이 볼보다 앞쪽으로 나아가 있는 상태
헤드업(Head Up)	임팩트를 보지 못하고 미리 목표방향으로 머리를 들어 올리는 현상
호젤(Hosel)	클럽헤드와 샤프트가 만나는 부분
홀 아웃(Hole Out)	한 홀의 플레이를 마치는 것
홀인원(Hole in One)	티잉 그라운드에서 1타로 볼이 홀에 들어가는 것
훅(Hook)	오른쪽에서 왼쪽으로 구부러지며 날아가는 샷

장소 협찬 수원컨트리클럽
베어리버 골프리조트

핵심만 배우는 골프 Vol.2
드라이버, 우드, 하이브리드 편

초판 1쇄 발행 2014년 6월 16일
초판 7쇄 발행 2023년 10월 10일

지은이 김해천
펴낸이 김영조
편집 김시연 | **디자인** 이병옥 | **마케팅** 김민수, 조애리 | **제작** 김경묵 | **경영지원** 정은진
사진 이과용 | **모델** 김해천, 이보미 | **외주디자인** ALL designgroup
펴낸곳 싸이클 | **주소** 서울시 마포구 양화로7길 44, 3층
전화 (02)335-0385/0399 | **팩스** (02)335-0397
이메일 cypressbook1@naver.com | **홈페이지** www.cypressbook.co.kr
블로그 blog.naver.com/cypressbook1 | **포스트** post.naver.com/cypressbook1
인스타그램 싸이프레스 @cypress_book | 싸이클 @cycle_book
출판등록 2009년 11월 3일 제2010-000105호

ISBN 978-89-97125-48-7   14690

- 이 책은 저작권법에 따라 보호를 받는 저작물이므로 무단 전재 및 무단 복제를 금합니다.
- 책값은 뒤표지에 있습니다.
- 파본은 구입하신 곳에서 교환해 드립니다.
- 싸이프레스는 여러분의 소중한 원고를 기다립니다.